主　编　叶文成

副主编　贺懋燮

汪家驷　张望梅

ANHUI

安徽
好人

HAOREN

时代出版传媒股份有限公司
安徽教育出版社

图书在版编目（CIP）数据

安徽好人 / 叶文成主编.—合肥：安徽教育出版社，2012.8
 ISBN 978-7-5336-6820-4

Ⅰ.①安… Ⅱ.①叶… Ⅲ.①人物—先进事迹—安徽省 Ⅳ.①K820.854

中国版本图书馆 CIP 数据核字（2012）第 184248 号

书　名：安徽好人　　　　　　　　　　作者：叶文成

出 版 人：朱智润　　　责任编辑：文　乾　王冰平
选题策划：朱智润　万直纯　责任印制：陈善军　装帧设计：袁　泉　张鑫坤

出版发行：时代出版传媒股份有限公司　　http://www.press-mart.com
　　　　　安徽教育出版社　　http://www.ahep.com.cn
　　　　　（合肥市繁华大道西路 398 号，邮编：230601）
　　　　　营销部电话：（0551）63683010，63683011，63683015
排　　版：安徽创艺彩色制版有限责任公司
印　　刷：安徽新华印刷股份有限公司　　电话：（0551）65859480
（如发现印装质量问题，影响阅读，请与印刷厂商联系调换）

开本：650×960　1/16　　印张：13.75　　字数：150 千字
版次：2013 年 1 月第 1 版　　　　　　　2013 年 1 月第 1 次印刷

ISBN 978-7-5336-6820-4　　　　　　　　　　　　定价：50.00 元

版权所有，侵权必究

 编委会

组成单位

中共安徽省委宣传部
中共安徽省直属机关工作委员会
安徽省精神文明建设指导委员会办公室
安徽省新闻出版局
共青团安徽省委员会
时代出版传媒股份有限公司
新安传媒有限公司
安徽新华传媒股份有限公司

编委会名单

主　　任：曹征海
副主任：叶文成　张国富　郭　强　贺懋燮　汪家驷
　　　　郭永年　李　红　王亚非　曹　杰　张望梅
　　　　朱训义　田海明　吴文胜　丁传光　林清发
委　　员：曹征海　叶文成　张国富　郭　强　贺懋燮
　　　　汪家驷　郭永年　李　红　王亚非　曹　杰
　　　　张望梅　朱训义　田海明　吴文胜　丁传光
　　　　林清发　韩　进　朱智润　范荣晖　王运慧

打造好人品牌　构建和谐安徽

安徽,中国道德的高地。

近年来,在这片土地上,诞生了无数的感人故事、动人事迹,谱写出一支支高昂的精神文明赞歌。据统计,自2008年中央文明办开展"我推荐、我评议身边好人"活动以来,安徽省共有六百多名先进典型入选"中国好人榜",上榜人数连续五年全国第一。"好人安徽"令人赞叹!

这是我省精神文明建设的丰硕成果、公民道德建设的辉煌见证。安徽素有重信守义、崇文尚德的优良传统。多年来,我们立足丰沃的道德土壤,不断创新观念、机制、抓手、载体,着力在道德建设大众化、常态化、实效化上下功夫,积极发掘和培树、大力宣传和学习先进典型,营造了浓厚的社会氛围,形成了英模人物辈出、好人不断涌现的生动局面。

这些入选"中国好人榜"的好人们,虽然身处岗位不同、人生经历不同、面临境况不同,但他们内心都有一个向上向善的坚定信念,不求回报、不计得失、无私无畏、无怨无悔,以实际行动守望人间真善美、释放社会正能量。正因为如此,才有了那么多危急时刻的英雄壮举、坎坷磨难中的矢志坚守、日常生活中的爱心善行……

伟大出自平凡。成为一个好人,并非那么高不可攀。好,不仅仅体现在轰轰烈烈、可歌可泣的作为上,还体现在勇于担当责任、履行好应尽的义务上,体现在随时随地、随手而为的善行义举上。每个人的内心其实都有一盏灯,只要轻轻拭去浮尘,用心点燃,传及他人,就一定能辉映美丽的道德星空,烛照出幸福的生活图景。正如歌中所唱:"只要人人都献出一点爱,世界将变成美好的人间。"

党的十八大为我们描绘了全面建成小康社会的宏伟蓝图,"公民文明素质和社会文明程度明显提高",是其中的一项重要内容。同样,这也是美好安徽的题中应有之义。必须不断深化精神文明创建活动,推进公民道德建设工程,使广大群众自觉践行社会主义核心价值观,在参与中陶冶情操、启迪思想、净化心灵,进而夯实美好安徽的道德基石。如果大多数人能够在明礼诚信、互爱互助等主流价值上并肩而行,"知荣辱、讲正气、作奉献、促和谐"在全社会蔚为风气,现实生活中所遭遇的诸多尴尬、矛盾和难题就能够迎刃而解,兴皖富民大业就有了强大的精神支撑。

在全省上下深入学习宣传贯彻党的十八大精神之际,编辑出版《安徽好人》一书,恰逢其时,也很有意义。书中收录了27位皖籍"中国好人"、"全国道德模范"、"感动中国"人物以及安徽十大新闻人物的先进事迹。他们中,有孝老爱亲的典型,如"最坚强母亲"许张氏、"板车女孩"黄凤;有敬业奉献的标兵,如道路养护工王汝新、小麦育种专家刘伟民;有见义勇为的英雄,如"最美孕妇"彭伟平、"大义父亲"胡文传;有助人为乐的楷模,如"雪域高原的格桑花"洪波、"最美洗脚妹"刘丽;有诚实守信的榜样,如"磨店好人"刘士圣、李孝香和"信义兄妹"张仁强、张仁秀,等等。写出他们的故事,道出好人的精彩,是落实十八大提出的"推动学雷锋活动、学习宣传道德模范常态化"的一个具体举措,目的在于用身边人、身边事来教育人、影响人、感召人,使学先进、赶先进、当先进成为人们的精神追求和自觉行动。

当好人成为一个品牌、成为一种力量,势必会带动社会道德水准和公民道德素质的全面提升。让我们每一个人都积极行动起来,点燃心灯、传递温情,共同奏响社会主义精神文明新乐章,共同构筑美好安徽的精神家园。

曹征海

2012年12月9日

目 录
contents

孝老爱亲
许张氏：儿子别怕，有老妈在 /003

汪美红：能挑起山的，是母亲的肩膀 /011

杨　蓉：割肝救母，感动天下 /019

黄　凤：柔弱肩膀，撑起了爸爸的生命 /027

姚　瑞：辍学侍母，三年后再圆大学梦 /035

敬业奉献
任　影：折翼天使托起孩子的希望 /043

刘伟民：身高一米四，却是农民心中的巨人 /050

王汝新：路是家，养路是本能 /058

马方才：默默奉献，用生命照亮别人 /066

见义勇为
金　晶：以身护圣火 /075

胡文传：舍子救人，传递爱心/083
姚延顺：救人，成了"家常饭"/091
赵玉富：铮铮铁汉铸造无悔人生/098
徐晓霞：当街救人的"最美女护士"/106
彭伟平：勇救落水女童的"最美孕妇"/114

安徽好人
助人为乐

李玉兰：感动中国的平民慈善家/121
洪　波：格桑花绽放雪域高原/131
刘　丽："最美洗脚妹"情暖人间/139
吴青山：特困生全国首创爱心学校/146
刘氏四兄弟：打通北川"生命线"/153
陈万霞：阳光照在留守儿童的心上/160

安徽好人
诚实守信

李　彦：想让更多人远离毒品/167
欧兴田：现实版的"集结号"/174
刘李邻居：磨店的那些好人/181
张家兄妹：每一分钱都要还上/188
李　政：你也可以感动城市/195
程树来：大山深处的残疾身影/202

附录：安徽籍"中国好人"名录（截至 2012 年 11 月）/210

孝老爱亲

XIAOLAO AIQIN

孝老爱亲不会过时,依旧是这个时代的基本价值观。一幕幕感人肺腑的亲情故事发生在一个个家庭,其爱心效应,超越家庭,延展到全社会。

许张氏：儿子别怕，有老妈在

她默默无闻，没有名字，因从夫姓，人称许张氏。

她不识字，也说不出漂亮话，但人们却从她那满头的银丝、佝偻如弓的背中，读懂了什么是无私的母爱，什么是小人物的伟大。

至今，她已照顾病儿40多年，历尽辛酸苦楚却始终如一，那份做"分内事"的执著让无数人欷歔不已。

于是，在97岁那年，这位亳州老太太终于有了一个专属于自己的称谓：最美母亲。

这个称谓，包含了人们深深的感动和敬意。

老太太推着儿子出门，这轮椅是当地残联送的

苦命儿子让她疼在心头

亳州市谯城区人民西路15巷的尽头，有一座青砖小院，许张氏和她60岁的瘫儿就住在那里。

20多平方米的瓦房很简陋，两张床、一张桌子和几把破椅子，几乎是母子俩的全部家当。窗户和门因为年久失修，关都关不严实。门口放着煤炉和小桌子，这是老人每天烧水做饭的地方。

这么多年来，年迈的母亲终日忙忙碌碌，而儿子许全意却只能静静地躺在床上，他早已意识不清，更无法说话。儿子成为这个样子，是

许张氏心中永远的痛和谜。每次回忆起往事,许张氏的眼前就会浮现起儿子那曾俊俏而有生气的脸庞。

许张氏出生于亳州西关。她在家排行老三,父母都是地道的农民,在那个旧社会,他们并未给女儿起名字。17岁时,她嫁给了同村的许奎元,从此被人称为许张氏。跟当时大多传统妇女一样,许张氏身上有着能吃苦耐劳、勤俭持家的美德。丈夫常年在集上贩卖白菜,她就在家给人织网帽补贴家用。婚后两人育有5女2子,虽然日子有些紧巴,但看到一家人平安和睦,许张氏却也颇为知足。儿女长大后,除了小儿子许全意外,都先后建立了自己的小家庭,夫妻俩对此颇为欣慰。

1970年的那个春天,万物复苏,大地生机勃勃,一切似乎都那么美好,但让许张氏没想到的是,不幸却降临了。一天,小儿子许全意背着鸡蛋到离家30里远的地方赶集,直到当晚10点,他才挽着空箩筐回家,但却未见一分钱。奇怪的是,平常一向开朗的他竟一脸呆滞,一句话都没有说,就闷头闷脑地睡觉了。第二天一大早,许全意突然惊恐地大叫:"有人要害我!"然后满屋子乱跑,疯疯癫癫的。夫妻俩惊呆了:这孩子到底咋啦?

经过诊断,阜阳精神病院的医生说许全意患了精神分裂症,要进行治疗。医疗费给清贫的家庭增添了不少负担,但许全意的病情却未见好转。他变得不爱回家,经常独自毫无缘故地往外跑,而且很久不归,让家人苦苦寻找。甚至有一次,他还跑到了河南鹿邑,半个月后家人才找到他。

日子在许张氏的担心中,流逝了一年又一年,然而不幸还没放过她心爱的小儿子。20年前,许全意再也没有能力离开她了,但母亲却更加心碎:儿子下肢瘫痪了!后来他又丧失了基本的语言能力。

所有的这一切,都原因不明。许张氏只知道,那年的春天,是儿子人生中的一道分水岭,这道分水岭几乎终结了儿子的幸福,也隔断了她走入儿子内心世界的可能,让身为母亲的她感到了寒冷和心痛。

柔弱老妈妈撑起儿子的天

自儿子精神失常后,考虑到其他孩子已成家且生活并不富裕,许张氏就担负起照顾儿子的责任。以前还有丈夫可以帮忙,但因生病无钱医治,相濡以沫多年的丈夫却于1991年离开了人世。从此,当别的老人在颐养天年时,许张氏却一个人撑起了所有苦难。

睡眠对老年人来说尤为重要,但20多年来,这对许张氏却是"奢侈品"。夜晚,许张氏要起身好几次,看看儿子有无不适。早上一睁开眼,她所做的第一件事就是检查儿子有没有大小便失禁。如果有,就得赶紧为他清洗,接着再去做饭。冬天还好些,夏天时出汗多,她得每天为儿子擦好几次身子,还要洗很多衣物。晚上无论有多累,她也要先为儿子洗澡,待儿子熟睡后,她才愿意上床睡觉。日复一日,她的腰越来越弯,一双小脚走起路来愈发颤颤巍巍,不得不依靠拐杖,但也许母爱的力量真的无穷大,这些力气活是压不垮老妈妈的。

喂饭也是一项大工程。把儿子扶起来靠在墙上,老人用筷子耐心地将面条一根根送入他的口中,不时体贴地用毛巾擦拭从他嘴角流下来的汤汁……年龄不饶人,老人已经拿不稳碗筷了,手不停地在颤抖着,常常不得不歇息一下再接着喂。面条喂完后,她还不忘用勺子喂儿子喝水,一顿饭才能结束。三顿饭,顿顿如此。

许张氏家中,堆放着不少捆碎布片,那都是邻居们送来的。老人把它们当做了宝贝。儿子大小便失禁,需要很多布片垫在身下,老人就把这些布片洗干净,然后一片一片缝在一起。由于眼睛不好,针头经常会戳到自己的手指,但老人似乎没感觉到疼,她只将手指放在嘴里吮吸一下,然后再接着缝补,手指还在出着血,但老人却毫不在意,不知不觉,白色的线染成了红色。

许全意不能说话,饱饿、冷暖全要靠母亲来把握。根据天气的变

老太太缝缝补补不停歇

化,许张氏要及时为儿子增减衣服,儿子的头发胡子也都由她打理。虽然长期瘫痪在床,但许全意的身上却没有一点褥疮,小屋虽然简陋,但母亲却收拾得很干净,尿片很多,但家里却没有丝毫异味。

许张氏的小女儿许长荣还记得,2011年的一天,她回家探望母亲与弟弟,一进院子就听见母亲房间里传来了呻吟声,她冲到房间里一看:老母亲躺在地上,肩膀鲜血直流,而许全意躺在床上呆呆地看着。原来,母亲拄着拐棍准备洗衣服时,不小心摔倒在地,十几分钟了,她一直挣扎着起来都没有成功,现在想起来,许长荣还有些后怕:"如果我没有及时发现,后果会怎样?"

许长荣把母亲送到医院后,见老人年事已高,医生包扎好伤口后,就再三叮嘱她留在医院观察一天,但许张氏却坚持要回家,因为她实在不放心家里的儿子。拗不过母亲,许长荣只得陪着她回去了。那天许长荣陪母亲睡了一个夜晚,从那以后,她就常来帮忙做家务。

许张氏从不抱怨累,也没想过得到回报。她说,有时她累得动都不想动,很想躺着睡会儿,但儿子没有热饭热水怎么办?他会不会感到难受?……她得咬牙坚持下去。虽然没有得过重病,但许张氏也会头疼发烧。大儿子许长友说,不管发生什么事情,母亲从未耽误过照顾弟弟。

关怀收下了,但钱不能收

2011年8月中旬,一组"百岁老人照顾瘫儿"的照片在网上广泛流

传,老太太佝偻着背照顾儿子的画面感动了无数网民。8月16日,新安晚报记者独家采访报道了此事,引起了极大的社会反响,人民日报、新华社、中央电视台、光明日报等中央媒体纷纷跟进报道。97岁慈母佝偻着背喂儿子喝粥的那张照片广为流传。"如果你被感动,请默默转发为老人祈福!"这条微博被无数人转发,万千网友为之感慨万分,甚至有人潸然泪下。

"祝福您伟大的老奶奶!伟大的母亲!"

"世间最无私的爱,是母爱,从你呱呱落地、嗷嗷待哺的那一刻起,母亲毫不犹豫地抱起你那弱小的身体,无私地哺育着,这么多年来不求回报,这么多年来无怨无悔。"

"在这道德滑坡的社会,这新闻来得犹如春雨一般,净化心灵……让人真心地为之感动……"

"我想老奶奶能活那么久,其中肯定有对自己儿子难以割舍的原因。如果离世,谁来照顾自己的儿子?"

"祝福老奶奶跟他儿子能幸福,也希望她能得到好心人的帮助!"

"我们可以多抽点时间陪陪父母,用最简单的方式回报父母的养育之恩。"

……

一夜之间,许张氏火了!大家饱含感情地称呼她为"最坚强母亲"、"最美母亲"。她喂儿子吃的那碗粥也被称为"人世间最温暖的粥"。

当地残联、市民政部门、各地好心人和很多网友都前去探望老人,送上了轮椅、食物等。有时候一天都有好几批人带着东西慕名而来。网友的热情让老人很开心,但也让淳朴的她有些受宠若惊:他是我的儿子,照顾儿子不是我的分内事吗?咋就这么多人关心我?

2011年8月16日,是许张氏难忘的一天。自瘫痪后许全意就没有出过家门,老人总在想,如果儿子能出去走走,看看外边的世界该有

多好!而现在终于有了轮椅,她就想立刻推着儿子去逛逛。给儿子梳洗好并换了一身整洁的衣裳后,母子俩终于出发了。许张氏把拐杖交给了亲戚,执意要自己推着儿子,她佝偻着背,缓慢地往前走着,还不停地对咿咿呀呀叫着的儿子说:"孩子,你看外面世界多好啊,好好看看。""轮椅用得真带劲,孩子,以后我天天推着你出去看。"那一刻,很多路人都被打动了……

在外面逛了10多分钟后,老人已经满头大汗了,在亲戚的劝说下,她终于愿意推着儿子慢慢往家走。一直到家,待亲戚把许全意抱上床后,老人才缓慢地扶着床沿坐了下来,虽然很累,但她却擦着汗说:"有轮椅真好!"脸上的皱纹像一朵绽开的菊花。

前来探望的人中,很多人都带来了爱心款,但老人基本都谢绝了。她还要求孩子们不准接受这些钱:"大家能来看我,我就很过意不去了,怎么能要钱呢?你们赚钱也不容易啊。我也没做啥啊,怎么能承这份情呢?以后怎么回报啊!"老人的这些话让人们的心微微有些发酸,大家认为她是世界上最质朴最善良的人,跟她接触,"心灵会受到震撼和净化"。

2011年8月18日,著名企业家江南春在看到新闻报道后,被老人的精神所感动,当即向网友询问老人的联系方式,在得到迅速回复后,他表示会派下属在第二天赶去看望老人。8月19日,受江南春嘱托,安徽分公司的张先生带着10万元爱心款赶到亳州探望老人。虽然辛苦了一辈子也没见到过这么大一笔巨款,但许张氏却坚决摇了摇头:"我咋能收钱呢?"那天,老人跟张先生聊了一个多小时的家常,还叮嘱张先生以后有时间不要再来看望她,要多陪陪自己的父母,张先生感动不已。

希望能多活几年,照顾儿子

2011年9月7日,许张氏入选中国好人评选活动9月份的候选人

名单,接受网上投票。9月30日,评选活动结果公布,她成功当选"中国好人"。除此之外,她还获得"全省精神文明十佳"等荣誉称号。老人觉得很是不敢当:"哪敢接受这么大的名誉啊!我真是担待不起啊!"对这些荣誉,老人看得很淡然,在她心中,照顾儿子才是最重要的事。

"感动!年近百岁本应是被照顾的老人,却要照顾瘫痪的儿子,希望政府相关部门给予帮助。"有网友评论说。许张氏的简易瓦房四处漏风,一到冬天就很冷。当地政府知道此事后,批下了2万元的款项,除了用来修屋顶、粉刷墙面外,还要为老人添置一些必备家具。

也有人提出,希望政府能给予救助,把这对母子送到福利院。对此,当地民政部门表示,街道已为母子俩各自办了一份低保,按照最高标准,母子俩每人每个月可以拿到290元。虽然母子俩并不符合入福利院的条件,但考虑到他们的确困难,工作人员曾准备特事特办帮忙申请进福利院,但老人却谢绝了这份好意。

对许张氏说,她是最熟悉儿子的人,亲自照顾儿子她更放心,而且每个月290元的低保、50元的残疾人补助,虽然不多,但却已让她颇为知足,"我啥也没做,只是照顾了自己的儿子,这不是应该的吗?街道问我还需要什么帮助,还缺啥?我啥也不能要,政府已经很照顾我了,我不能再麻烦他们,拖后腿了。"

如今,那间小破屋已经面貌一新。瓦全换了,墙面重新粉刷好,窗户也换了新的。除了政府外,至今很多好心人还记着她。虽然不像刚开始每天来几十个人,但不时地,还有人大老远地来探望。

在好心人的帮助下,木板拼凑的床换成了新床,屋里添置了沙发。为了让老人不寂寞,好心人还买了台电视机。本来还有人想买个空调,但考虑到老人可能受不了空调风,就改送了一台落地扇。事无巨细,能想到的好心人都想到了。"我住得很舒坦,谢谢怎么多人。"老人由衷地说。对于好心人的这些帮助,老人都记在心里,常常会感激地

念叨着。

  2012年母亲节前一天,一共有三拨好心人先后赶来。其中,上海的陈先生一家是专程来看望老人的,这一直都是他的心愿。小女儿许长荣说,大多来看望老人的人依然都会带着爱心款,但许张氏还是跟以前一样,坚决不收,曾有一个企业给母亲送来5000元,却被母亲辞谢了。时间一久,有些好心人就知道了老人的脾气,他们转变了策略,趁老人不注意,就偷偷将钱塞在她的被子里,一直到晚上睡觉老人才发现。

  现在,许张氏母子的生活的确"舒坦"了很多。考虑到母亲年纪大了,照顾弟弟越来越吃力,小女儿、小女婿就尽量帮忙。小女儿每天都会过去帮忙煮饭、洗衣服之类的。许张氏的重担缓解了很多,但在她心中始终有个担忧:我活着,我就会带着儿子每一天,哪天我不在了,儿子怎么办?

  "我希望自己能多活几年,活过100岁。没有我,儿子不习惯呐!"许张氏说。家人们都认为,老人能活这么久,就是为了撑着照顾这个儿子。

  在老妈妈的心中,一直有个梦,儿子生病40多年都不知病因,如果能有医生来为儿子治病,让他恢复些健康,那该有多好。有时想着想着,她的眼睛就红了。

(王　翠　撰稿)

汪美红：能挑起山的，是母亲的肩膀

在皖南美丽的齐云山上，有一位女子，她用肩膀挑起一两百斤的货物，无论风雨，不计寒暑，这一挑就是18年，成了现在齐云山上唯一的女挑夫。18年来，她爬了20多万公里陡峭山路，只为了培养儿女成才。她和她的儿女书写的"齐云山传奇"，让人明白了母爱的分量有多重。

每天，汪美红都肩挑一两百斤货物，风雨无阻地上山下山

她不干活孩子就要挨饿

清晨6点，齐云山脚下雾霭萦绕。48岁的汪美红是齐云山脚下岩脚村的村民。当大多数村民还在休息时，她的家中已经升起了炊烟。

吃完早饭，汪美红带上一盒饭，然后挑起前一晚准备好的两个装满气的煤气罐和其他货物，开始爬山。陡峭的山路，一趟来回10来公里，汪美红每天要挑两三趟。这样的负重攀爬，别说两三趟，就是一趟，一个成年男子也难以吃得消，但汪美红已经爬了18年。

一个女人承受这样的命运，还要从多年前的变故说起。

1990年的汪美红26岁，翻看她的照片，眼前是一个美丽淳朴的农村女孩。那年她嫁给了岩脚村的青年农民汪淑华。第二年，汪美红生

了一个儿子，但接生的医护人员发现：产妇生出的是一个患先天性白化病的残疾儿！按照国家政策，汪美红可以再孕。第二年她又身怀六甲，并产下龙凤双胞胎。双胞胎的降生冲淡了这个家庭的阴影，年轻的妈妈也对日子充满了美丽的憧憬。

然而1994年3月1日傍晚，汪美红的人生改变了。29岁的丈夫汪淑华在村口的横江打鱼时不幸失足溺亡，两天后遗体才在下游被找到。欠债还未还清，顶梁柱就倒下，汪美红半年多时间都难以接受这个现实。但时间不等人，三个孩子嗷嗷待哺，汪美红再不谋生，一家人就没有活路了。

汪美红不简单，她开始上山采茶、下田插秧。由于孩子小，她就用竹篮子挑着一双儿女，三人一起出工。大儿子不能见阳光，做母亲的怕他乱跑，只得忍痛将他捆在屋柱或桌腿上。

"最对不起的就是大儿子了，他很小的时候常常一个人在家，有时候饿得哇哇大哭，哭累了就靠在桌腿上睡着了。一个小孩，却比别人多流了多少眼泪。"汪美红至今仍然心疼。

她挑的货跟男人的一样重

亲戚们不忍心看着汪美红如此艰辛，私下劝她另嫁他人，还有人直接劝她远走高飞算了，将孩子留给爷爷奶奶照顾。热心的姐妹还帮她物色人选，重选婆家。让汪美红吃惊的是，她父母竟为此两次跪在女儿面前，求她趁年轻抓紧改嫁，重谋生路。

"当时也动摇过，也想过要带着孩子改嫁他人。"汪美红说，但有一次，当她在田里干活时，转眼看到田边篮子中的儿女睁大眼望着她这个妈妈时，她终于下定决心：为了三个苦命的孩子终身不嫁，一定要将他们抚养成人。

窘迫的生活让汪美红挖空心思想着如何养家糊口。

1994年10月，齐云山上的主体道观重建工程启动，大量的砖瓦、

沙石、水泥和钢筋等建材需要挑运上山。岩脚村的年轻男子和极少数妇女加入了挑夫行列。"三个孩子都要吃饭,我若不干活,他们就要饿死!"于是,村里唯一的女高中生汪美红也扛起了扁担,换上了解放鞋,当上了挑山工。

通向齐云山的九里盘山道几乎都是台阶,许多地方非常陡峭,挑货上山谈何容易。"当时是5元钱一百斤挑运费,从山脚爬上山大概五六公里,一般男人也就挑100斤,女人挑80斤。我第一天就挑了180斤沙石,希望能够多赚4元钱。"汪美红讲述着,"开始并不觉得很重,但是越爬越累,那天下来,两眼发黑,好几次差点连人带担掉下山。"

当她拿到卖命换来的9元钱时,人已经虚脱。但第二天一早,她竟又忍着肩膀的剧痛,一步一步走在九里盘山道上。第一担沙石一过秤,203斤!

有了挑夫这一工作,汪美红家中拮据的生活开始好转,加上她省吃俭用,两年不到,就还清了丈夫遗留下的5千元盖房欠款。就这样,她开始了18年的女挑夫生涯。

18年挑山累出一身病

在笔者来到汪美红家中时,她正在齐云山上挑货,于是笔者赶到山中去寻找她。我们从山脚沿着一级级石阶上山,爬了一个多小时,累得腿发软。但山上的工作人员告诉我们:你们走了还不到三分之一的路呢!

下午4点多,我们在山口等到了挑着煤气罐下山的汪美红。密密的汗珠布在她脸上,这个女子并不健壮,但两只腿肚子练得结结实实。这天,她已挑了两个来回,跑了四趟。每走几百米,汪美红都要用挂棍撑着扁担休息一小会。"现在身体不行了,有肩周炎、风湿性关节炎,腿也受伤了,一歇下来就特别疼,而且一只耳朵常常耳鸣,基本听不

再苦再累,汪美红都会笑着面对

见。"18年高负荷劳作,透支着汪美红的健康。

一说到儿女,汪美红就开心,她的三个孩子从小就懂事。"大儿子在家煮饭忙家务,双胞胎从10岁开始,一到双休日和寒暑假就帮着我一起挑东西上山,从来不喊一声苦。上高中的时候,学习任务非常重,他俩还是坚持要帮我挑担,想减少我的负担。"

汪美红每次挑完东西回家,孩子们都忙着帮她打水、按摩。"家里条件差,有一年夏天,邻居吃西瓜,女儿瞟了一眼,我知道她想吃。后来我和她上街时准备买一个西瓜,但她硬把我拉住了,非说自己特别不喜欢吃西瓜。"汪美红说,其实当时孩子连西瓜什么味儿都不知道。

汪美红的女儿和她睡一张床,常常搂着她的脚说:"妈妈,你脚太粗糙了,以后我工作了,你再也不要当挑夫了,我们养您。"想到这些,汪美红欣慰地说:"我此生能够有这三个懂事的孩子,我也知足了!"

18年过去了,如今大儿子已经21岁,双胞胎兄妹已经19岁。大儿子在休宁县残联的帮助下在杭州找了份按摩的工作,可以自食其力。而双胞胎儿子汪力胜和女儿汪力利都很争气:2011年,他们高考均达到了重点分数线,汪力利还超出重点线40多分。

富婆赌输百万来挑山

2007年,汪美红的故事经过报道后,引起了许多人的关注。当年8月的一天,当汪美红正在挑东西上山时,一个女子拦住了汪美红。正在汪美红疑惑时,这女子开口说道:"我是来和你一起挑山的!"

女子叫郑芸芸（化名），那年 38 岁。郑芸芸是湖南人，嫁到外地后，因为老公家境很不错，所以她的生活也相当安逸，后来在老公的支持下，自己从事服装生意，生意也越做越大。"当时生活比较优越，而且觉得钱来得很快，感觉也不珍惜。"郑芸芸讲述道。

从 2005 年开始，她和朋友一起到赌场赌博，刚开始的时候赌得并不大，一天输赢在一万元以内。"后来觉得不刺激，开始越玩越大。"就是从这一刻开始，郑芸芸的命运发生了逆转。第一次输了十万元后，郑芸芸觉得要扳本，调出了所有的营业款，继续赌博，于是一发不可收拾，"输了 40 万，就想把 40 万赢回来，就继续把钱投进去，但是继续输，越输越多。"就这样，郑芸芸一步步沦为赌徒。

从 2005 年初到 2007 年 6 月两年多的时间里，郑芸芸不断沉迷于赌博，自己的生意也不做了，而且越输越多。最后，她输光了自己的 100 多万积蓄，又输了借来的 100 万元。"200 万输下来，我成了彻底的穷光蛋了。"

最让郑芸芸感到难过的是，两年的赌博生涯里，丈夫屡次劝她回头，但是见她仍然一头扎进赌场，最后丈夫向她提出离婚。"当时赌红了眼，也就离了，孩子跟了他。"郑芸芸说道。等到自己一无所有的时候才发现，原来丢失了最宝贵的东西。

2007 年 7 月底的一天，电视里正在放安徽齐云山脚下最后一个女挑夫汪美红的故事，"当时就觉得她特别伟大，她丈夫死后，她一个女人独自抚养着三个孩子，每天来回数趟，挑着一百多斤的东西徒步几十公里山路，当时就觉得，自己也想隐居山林，过着艰苦生活。"

于是，一无所有的郑芸芸真的来到了齐云山脚下，和汪美红说明情况后，开始和汪美红一起当起了挑山工。"那段生涯太值得回忆了，我当时非常胖，跟着汪大姐后面帮她挑东西，她挑 100 多斤，我就挑了不到 40 斤，但是当真正上山的时候，已经累得一点力气都没有了。"郑芸芸当时一天就挑一趟，来回走 10 公里，要花费 5 个多小时的时间。

"当时就觉得汪大姐太了不起了。"最让郑芸芸吃惊的是,当时汪美红一趟挑下来,才8块钱,一天要挑四五趟。"我花了5个小时,几乎挑得虚脱了,估计收入才有4块钱。而我以前赌博的时候,有时候随手给人小费就是几百元。自己毫不珍惜生活,还把自己最亲的人逼走了,而且再也不能回头。"郑芸芸说。

10天后,郑芸芸告别了汪美红,她说自己已经找到了生活的勇气,要重新面对生活,以后还是要经商,把以前挥霍掉的,再通过双手挣回来。2007年8月下旬,郑芸芸离开了齐云山。

汪美红让她重燃希望

"离开齐云山和汪大姐之后,我又从事老本行做服装生意,因为以前积累了一些人脉关系,所以进入还不算太难。"郑芸芸告诉记者,赌博输钱的时候,因为没有向供应商借过钱,所以,几家供应商还比较认可她,在并不知道自己债务缠身的状况下依旧给自己赊货。就这样,郑芸芸开始了自己的起步。

郑芸芸后来又搞过餐饮、房产等,陆续都赚了钱。"有时候感觉山穷水尽时,就想起齐云山和汪美红给我的勇气,我觉得再苦再累也比当时挑山的工作要舒服得多,所以总是咬咬牙就挺过来了。"郑芸芸开发楼盘时也遇到过资金链断裂就要破产的状况,她硬是挨家挨户地向承建方、包工头等说明情况。"有一次站在一个老总的门口,等了一个晚上,第二天早上他回家后,看到我就窝在他家门口,觉得我确实是个干事的人,就允许我将房子卖出后再还他们钱。"就这样,郑芸芸一步步走了过来。

现在,经历沧桑的郑芸芸又成了一名千万富婆。2011年11月,她从北京赶到了齐云山脚下,看到汪美红后,一声"汪大姐"喊得汪美红非常激动。时隔4年,汪美红再次见到了这个曾经和她一起挑山的姐妹。

"四年的工作中,经常会想到自己曾经在这里的生活,一直想回来再次感受一下,这几天终于抽出时间来到这里。"于是,郑芸芸再次跟随着汪美红感受挑山工的生活,她把自己的手机都关掉了,想完全感受这里的艰苦生活。

"其实做生意的四年多期间,经常会想起这段生活,一直想要回来再次感受一下挑夫的辛苦。我虽然不是挑夫,但是挑夫的经历让我明白了许多事情。我在做生意的时候,想到这段难忘的经历,就觉得这段生活给了我太多的启迪和指引,我一直觉得这是我人生最宝贵的财富。"

郑芸芸说道,这次挑山,和四年前还是不一样的,那时候自己想死的心都有,还有什么不能坚持的。但是这几天还没挑一会儿,就觉得不行了,太累太累了。"只有汪大姐一直没有变化,她真让我佩服。"

孩子知道妈妈的秘密

2011年,汪美红的两个孩子汪力胜和汪力利考上了大学,这个暑假汪力胜和汪力利也没有歇着,他俩来到了休宁县县城,在一位好心人的帮助下,进入一家大酒店打工。

在这家酒店里,清秀的汪力利正在餐桌前给人倒水,腼腆的哥哥汪力胜正在帮客人搬行李。"我们每个人一天工钱是25元,一个暑假下来,也能攒一点钱。"哥哥汪力胜说道。在他们看来,洗碗碟、搬行李这样的工作已经非常"轻松",而且工作餐很好吃,"有三素一荤,但吃饭时会想到妈妈,觉得妈妈生活特别苦。"

汪力利告诉笔者,妈妈每天挑东西上山时,自己带一盒中饭,没有菜。"有一次天热的时候,我和妈妈一起挑东西上山,中饭她给我买了一袋方便面,她自己吃早上带来的饭,我发现饭都已经馊了。我一直没有说这个事,但是我想以后一定要让妈妈过上好日子。"

汪力胜则告诉笔者,他知道妈妈的"小秘密",本来日子可以更好

过些，但妈妈为了他们，宁愿受苦。"过去曾有媒体报道过妈妈的事迹，有一次一个上海老板特地到我家里，让我妈妈到上海当保姆，一个月给四五千元，但我妈妈说：'到上海，我就不能照顾我孩子了，还说，我可不想孩子没有父母教育，长大了危害社会。'所以她断然拒绝了！还有一次，一个河北老板打来电话，说准备拿十万元，叫妈妈跟他去大城市治腰腿劳损，并要娶她为妻。我当时听到妈妈说：'抛弃孩子，天堂我也不去！'"

这些事，母亲和兄妹三人从没有交流过，却成就了他们动人的传奇。

18年来，因为工作太过艰苦，身边的挑夫们纷纷转行，只有汪美红一人为了儿女，咬牙坚持着。2012年，齐云山景区月华街南天门的公路已经通车，货物可以直接用车运到山上，这也就意味着汪美红的挑夫生涯即将结束。

"高兴的是，齐云山景区会更加美丽，山上的人也方便了许多。我现在一天只跑一趟活，把两只煤气罐挑上山，只能挣到二十块钱，以后挣钱也更难了。"18年来，汪美红第一次清闲了下来，她显然不太适应。不过，如今大儿子已经有了工作，两个双胞胎也已经考上大学，学习成绩都非常优秀，汪美红感到非常欣慰。"许多报纸、电视台都报道我，不过我觉得我还是我，一个为了孩子、为了家庭而愿意努力的人。人生能完成自己的希望，哪怕苦点累点，也是让人高兴的事情。"

（周　晔　撰稿）

杨 蓉：割肝救母，感动天下

百善孝为先。在母亲患上血吸虫性肝硬化后，马鞍山农家女孩杨蓉先是为照顾母亲，放弃了改变前途命运的高考，接着又带母亲北上治疗。

杨蓉和妈妈开心地在一起

2011年12月23日，在天津，为了让妈妈能彻底康复，杨蓉又毫不犹豫地将自己67%的肝脏，移植给母亲，让母亲的生命得以延续。

"羊有跪乳之恩，鸦有反哺之义。动物尚且知道报恩，作为女儿，我有责任救妈妈。"杨蓉说，只要妈妈的病能好起来，她做什么都行！

单亲母亲患上了重病

2007年10月的一天，也许小女孩杨蓉此生都不会忘记这个日子。当年只有15岁的她还是马鞍山市第20中学的一名初中生。

杨蓉至今还记得，那天放学回家，她发现妈妈芮明翠低着头，静静地坐在卧室的床沿上，脸色不是太好，似乎遇到了什么不开心的事情。

一向性格活泼的杨蓉见状，就围着妈妈有说有笑、打打闹闹，她说着校园里发生的有趣的事情，坐到妈妈腿上撒娇，试图逗妈妈开心。可奇怪的是，妈妈不仅没有开心起来，反而眉头紧锁，表现出烦躁、沮

丧的情绪,而且一个劲地叹气。

芮明翠一向脾气温顺,视女儿如掌中之宝。她的表现让杨蓉察觉到了不正常,直觉告诉杨蓉,一定是发生了什么比较严重的事情。在杨蓉的一再追问下,芮明翠才打开了抽屉,一言不发地从里面抽出一张马鞍山市人民医院的诊断书。

诊断书上的字迹有些潦草,但最后用钢笔写着5个大字,杨蓉还是认了出来——"肝硬化晚期"。这几个字,成年人一看便懂,但当时不谙世事的杨蓉,却有些懵懂,她只知道妈妈生病了,但她不知道,这种病,对于一个农村家庭主妇来说,无异于灭顶之灾。

20年前,年轻的芮明翠经人介绍,从和马鞍山一江之隔的和县,嫁到了马鞍山市花山区霍里镇丰收村。1992年,怀胎十月的芮明翠生下了女儿,取名杨蓉。

在丰收村,杨蓉家并不富裕,一家三口虽然过着简单、清贫的生活,但也一度其乐融融。可是,再平静的水面也会泛起涟漪。2007年,这个寻常的农村家庭连遭变故。

2007年上半年,相处一向比较融洽的杨蓉父母,感情上出现了危机,虽然亲友一致劝阻,但性格倔强的芮明翠和丈夫最终在一片惋惜声中领了离婚证。

和丈夫离婚之后,芮明翠和杨蓉在丰收村里一直过着相依为命的生活。曾经有人劝她趁着年纪还不大,再找个伴,那样,生活压力会小一些,但她担心正处于叛逆青春期的女儿会接受不了继父,没有同意再嫁。

家里失去了顶梁柱,这个原本就很贫困的农村家庭,更是雪上加霜。尽管是村里的低保户,但少得可怜的低保费根本维系不了母女俩的开销。此时的杨蓉,一年学费以及生活费开支接近一万元。无奈之下,以前只在家做家务、种田的芮明翠,只好在承担繁重家务和田间劳动的同时,还去附近的服装厂等当地的小企业打一些散工,赚取每个

月 1000 多元的微薄工资以贴补家用，维持生活开销。

芮明翠的身体一直不是太好。20 年前，芮明翠还没有出嫁时，住在老家和县，这个长江边的小县当时血吸虫泛滥，不少人曾经感染过血吸虫方面的疾病。血吸虫疾病肆虐之时，芮明翠也没能幸免，她患上了血吸虫性肝硬化，当时做了脾切除手术。手术之后，芮明翠的身体渐渐恢复了正常，但肝一直不是很好。

也许，正是因为身上有旧病，再加上离婚、打工等一系列的精神、体力压力，这些因素叠加在一起后，最终成了压垮芮明翠的最后一根稻草，导致她旧病复发，而且发展到很严重的程度。

花季女孩扛起家庭重担

其实，在查出晚期肝硬化之前的一段时间里，芮明翠就经常觉得肚子不舒服，总是感觉肚子胀胀的。杨蓉也曾让她去医院看看，但家里条件不好，她一直采取能拖就拖的办法，没去医院检查。

查出了晚期肝硬化之后，医生明确告诉芮明翠，晚期肝硬化已经非常严重了，最好的办法就是尽快找到医疗条件更好的大医院，进行肝移植手术。但芮明翠十分清楚家里的状况，自己生病后，每月几百元的低保，是家里全部的收入来源。

刚检查出肝硬化晚期时，芮明翠的症状还不是太明显。调整好情绪后，她只是被迫放弃了自己打的几份零工，在生活上，她依旧承担着家里的家务，精心照顾女儿的饮食起居。

可是，这样的状况只维持了很短一段时间。很快，晚期肝硬化的各种可怕的症状相继出现：高烧、呕吐……

每次出现这些症状时，她就要去医院住院，通过输白蛋白的方式，阻止病情的继续恶化。等症状有所缓解，再出院回家休养。消极的治疗方式使芮明翠的病情越来越严重，从起初的几个月住一次院，发展到一个月住几次院。

随着妈妈的病情渐渐严重,杨蓉终于明白了晚期肝硬化意味着什么。她非常后悔,当初妈妈感觉不适的时候,没有坚持让她去医院检查,早去几个月,病情也许不会发展到这么严重的地步。可是,一切为时已晚。

每次发病后,芮明翠就会变得更虚弱。她像一只筋疲力尽的骆驼,已经无力承担任何重量。她不能打工,不能做家务,甚至虚弱得连走路的力气也没有了。这个农家,犹如暴风雨中的茅草屋,摇摇欲坠。

和其他同龄的女孩子一样,正值青春年华的杨蓉是一个活泼可爱的女孩,但自从2007年母亲患病以来,同学们和朋友们很难再看到杨蓉的笑容。在承受本不该她这个年龄承受的精神压力之外,照顾妈妈的重担,也落在这个稚嫩的女孩身上。已经上了高中的杨蓉,每天不但要应付繁杂的学习任务,还要做家务活、照顾母亲。为母亲拿药喂药、准备饭菜甚至下地干活……这些都是杨蓉每天必须要做的事情。

放弃高考,全心照顾母亲

有一次,杨蓉正在上课,突然接到妈妈打来的电话。电话那头的芮明翠,声音很小。原来,芮明翠又一次犯病了,高烧、呕吐不止。

匆忙向老师请了假后,杨蓉骑着自行车赶回家,此时,妈妈躺在床上,已经非常虚弱。村里几乎没人,杨蓉找了一圈也没找到可以帮忙的人,她费了九牛二虎之力,才将妈妈背出村子,拦下一辆过路的车,将妈妈送往离家十几里的马鞍山市人民医院。

妈妈不犯病的时候,通过药物治疗,还可以照顾自己,但每次犯病住院,就是杨蓉最忙的时候,她每天不但要去学校上课,还要做家务、做饭,往返于家、学校和医院之间。

有时候,实在没办法,杨蓉只好硬着头皮,向老师请几天假,专心在医院服侍妈妈。也正是因为这样,原本在班级成绩中上等的杨蓉,成绩渐渐落了下来。

2011年四五月份,母亲的病情已经非常严重,经常出现高烧、呕吐、腹膜炎、消化道出血等病重症状。眼看高考就要来了,同学们都在紧张复习功课,但杨蓉根本没心思,也没有精力去准备高考。眼看着高考的日子越来越近,权衡再三,这个坚强的姑娘决定放弃高考。

当杨蓉把自己的决定告诉芮明翠的时候,芮明翠强烈反对,她哭着给女儿说道理,十多年寒窗苦读不容易,她是这个风雨飘摇中的家庭唯一的希望。可是,道理说了再多,杨蓉的心仿佛吃了秤砣,早已做了决定,无法改变。无奈之下,芮明翠甚至以拒绝吃药治疗的方式,来和女儿做抗争,希望挽回女儿的决定。

最后,还是杨蓉说服了芮明翠。她含着眼泪对着病床上虚弱的妈妈说:"妈,高考可以再来,但没有了你,我一个人怎么生活下去?我的生活就没有意义了。"说罢这话,母女俩抱头痛哭。

高考结束之后,当同学们都在欢度上大学前的最后一个暑假时,19岁的杨蓉每天都在照顾病重的母亲,每天重复着枯燥的家务,每天给母亲端水喂药。此时的芮明翠几乎不能下床了。每当母亲觉得身体难受时,杨蓉还要陪母亲说话,转移母亲的注意力,缓解病痛。她们聊着杨蓉小时候的故事,聊着以往美好的生活,每次聊到母亲睡着时,杨蓉都忍不住地擦拭眼泪。

带着母亲北上去治疗

保守治疗不但不能治愈重病,随着时间的推移,病情还会慢慢加重。2011年8月的一天,因为病情不断恶化,芮明翠突然出现了发烧、严重呕吐、腹膜炎、消化道出血等症状。杨蓉吓坏了,她赶紧将妈妈送往马鞍山人民医院。

到了医院后,医生一度向杨蓉下达了病危通知书。好在,最后,出血得到了控制。但医生说,肝移植手术已经到了非做不可的地步,否则芮明翠随时都可能出现生命危险。

这次突发状况,让杨蓉意识到,必须要把妈妈彻底治好,不然妈妈随时可能离开自己。看着病床上面色苍白的妈妈,这个19岁、不谙世事的女孩,悄悄回到村里,她要挨家挨户借钱,为妈妈筹集治疗的费用。

事实上,在这之前,为了治病,这个家庭已经花费了10多万元。每次住院,芮明翠都要靠吊白蛋白治疗。这种药,虽然剂量很少,但每瓶都要500元左右。这10多万元,都是从亲戚朋友那儿借来的。

回去的路上,杨蓉就纠结着,怎样才能再筹集到钱。好在,杨蓉的亲戚朋友虽然都不是很富裕,但都富有同情心,最后杨蓉总共筹集了20万元。

2011年10月,当往日的同学们踏入大学校园的时候,瘦弱的杨蓉背上沉重的行囊,带着羸弱的母亲和东凑西借来的20万元,生平第一次去往首都。

为救母亲,毅然捐出肝脏

对于晚期肝硬化病人来说,肝移植手术是最好的治疗办法。自从母亲生病后,杨蓉俨然成了一名医学通,对于肝移植治疗的必要性,她很清楚,也十分期盼母亲能早日进行这个手术。

在马鞍山时,杨蓉就咨询了医院的医生,要进行肝移植手术,至少需要八九十万元,对于条件困难的家庭来说,亲属提供移植的肝脏,是最理想的办法,同时也最有效。

到了北京武警总医院后,杨蓉就迫不及待地和母亲做了配型,结果是,杨蓉可以将自己的肝脏移植给母亲。得知这个结果后,杨蓉迫切希望能尽快将自己的部分肝脏移植给母亲,但医生说,芮明翠曾经动过脾切除手术,而且他们发现,杨蓉的肝脏结构有变异的情况,这两种情况都十分不利手术,增加了手术的危险性。

即便是这样,眼看着妈妈一天天虚弱,杨蓉哀求医生尽快做手术,好几次,医生都通知第二天做手术了,但最后都是临时取消。就这样,芮明翠在北京武警医院治疗了一个月,手术最终没能做成,所带的20万元已经少了一半。

为了确保杨蓉和芮明翠的健康,北京武警总医院请来了全国最好的专家,并推荐她们去天津市第一中心医院做手术。杨蓉赶紧带着母亲去了该院。在这家医院的肝移植中心,杨蓉得到一个好消息:肝脏移植手术可以进行。

2011年12月23日早晨7点半,杨蓉和母亲芮明翠,在接受全麻后被推进手术室,天津市第一中心医院院长沈中阳、副院长朱志军亲自主刀。下午1点,杨蓉67%的肝脏被从体

如今,女儿肝脏的大半在母亲腹中

内取出;下午3点,杨蓉被推出手术室;下午4点,肝脏被移植进入芮明翠的腹腔内;晚6点半,杨蓉苏醒。晚7点半,手术室传来消息:移植手术全部结束,母女平安!

女孩孝心感动全中国

在杨蓉和母亲进行手术之前,天津市媒体就报道了杨蓉的遭遇。天津《每日新报》的记者说,虽然他们最初的报道,是为这个贫困家庭呼吁捐款,但杨蓉捐肝救母的决定,依旧感动了很多天津市民。

《每日新报》的记者说,报道刊登后,报社接到了很多读者的电话。对于杨蓉的孝心,天津市民称赞有加,非常感动。不少天津市民亲自

赶到医院，看望这对母女，并为她们捐款。

在媒体的报道下，杨蓉捐肝救母的故事，被越来越多的人知道，在社会上引起了强烈反响。无论是在千里之外的天津，还是在杨蓉的家乡马鞍山，社会各界在通过各种方式向杨蓉表达敬佩与祝福的同时，也纷纷慷慨解囊，献上自己的一份爱心。

手术之后，得知杨蓉返乡的日期和火车班次后，马鞍山市市政府相关工作人员、当地有关媒体和部分群众一同前往火车抵达地南京，迎接杨蓉回家。

随后，马鞍山市委、市政府号召全市人民向"最美女孩"杨蓉学习。杨蓉还因为孝老爱亲入选2012年2月的"中国好人"。她的故事一度被改编成了黄梅戏，在全省各地巡演，感动了无数的人。

与此同时，马鞍山当地各级党委和政府及时向杨蓉一家伸出援助之手，不仅送去了社会各界的关爱，还专门派医务人员为杨蓉进行一对一的医疗服务，帮助她们尽快渡过难关。

如今，20岁的杨蓉已经被马鞍山师范高等专科学校破格录取了，她说，将来她想要做一名英语教师。

面对获得的荣誉和社会的关注，杨蓉说，其实，她很担心，非常害怕做手术，但只要妈妈能好起来，让她做什么都可以。

"学业可以重新开始，但妈妈的病不能耽误。我想，换成其他任何人，他们也会像我这样做的……"杨蓉说。

（向　前　撰稿）

黄　凤：柔弱肩膀，撑起了爸爸的生命

"爸爸,我推着你去上海看病好不好?"12岁时,黄凤对瘫痪在床的父亲黄志仁说。"能行吗?"黄志仁吃惊地看着瘦弱矮小的女儿,仿佛听到了天方夜谭:从安徽蚌埠五河县的一个小村子到上海?

"我能行!"黄凤的回答斩钉截铁。

2008年3月,推着铁板车的黄凤出发了,板车上躺着她的父亲,步履蹒跚的奶奶摸着车沿跟在旁边。

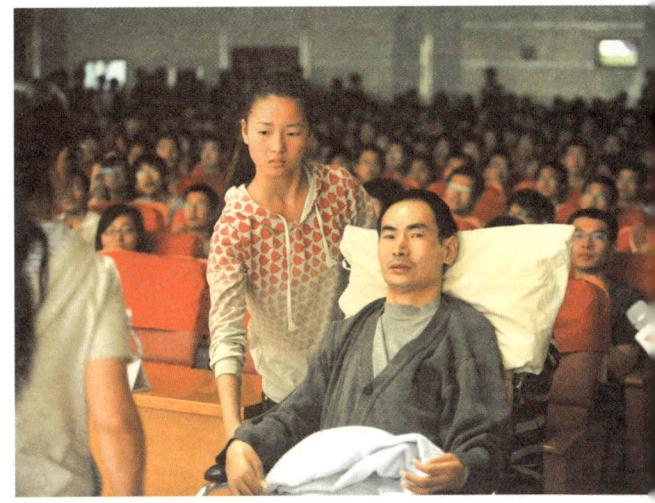

黄凤带着爸爸来到中科大,讲述自己的经历

上海一个商场屋檐下,大大的板车、小小的女孩、瘫痪的男子、几乎失明的老人……怀着满心感动,拍客"糟糠宝宝"举起了DV。视频传到了网上后,就有了"板车女孩"。

为了治好父亲的病,黄凤一次又一次推着板车在大都市艰难地行走。孩子的努力有了成效,在众人的帮助下,高位瘫痪的父亲能坐起来了……

6岁小人儿成了家庭主心骨

黄凤出生于1996年,她最大的愿望就是一家人能永远在一起,家

里不只有爸爸、奶奶,还有妈妈,大家都健健康康的。不过,这个愿望不可能实现了。在她6岁那年妈妈就离开了,她为此哭喊着追了2里地,却始终没有唤回妈妈。

39岁的黄志仁说,家也曾美好过,有妻有女,万事知足,但一场灾难却让幸福突然止步。

2002年,为了让妻女生活得更好些,黄志仁去江苏打工。4月的一天,黄志仁半夜起床时头突然一晕,一脚踏空就从楼梯上滚了下来,人事不知。在医院抢救了20多天后,他才醒来,但颈部以下全部瘫痪。工厂以不是工伤为由,在垫付了5万元抢救费后,就不愿再支付其他费用。在医院住了1个多月后,一家三口只好回到了家。

黄志仁还记得,妻子曾轻柔地安慰着他:"别哭,我以后会照顾你。"这句话曾让他内心无比温暖。然而,仅仅半年后,他就发现妻子变了,不太爱说话,也不愿搭理自己,两人的隔阂越来越大。终于,她还是离开了家。对此,他无能为力。

妈妈走了,这个家庭就像折了翼,摇摇欲坠。伤心过后,6岁的小黄凤擦干了眼泪:没了妈妈但还有我,我能照顾爸爸和奶奶!那时的她个头还没有灶台高。

先放油,再放青菜……在奶奶的提示下,黄凤小心地踩在板凳上,按部就班地学习着。"好吃吗?"当小心翼翼地把青菜喂到爸爸嘴里时,她充满希望地问。"好吃!好吃!"尝着女儿人生中做的第一道菜,黄志仁连声回答。听到爸爸的赞赏,黄凤开心地笑了。其实,青菜并没有炒熟,盐也放得太少,但黄志仁却没有说出来,他的心里又难过又内疚:"这么小的孩子就要烧菜伺候我,我这个爸爸不称职啊!"

做饭、挑水、洗衣、种菜……小黄凤什么都得学。衣服要是搓不动她就用脚踩,然后再清洗。寒冷的冬天,她的小手被冻得又红又肿,让爸爸心疼不已。

给爸爸喂饭、按摩、擦拭……没有人教,小黄凤就自己摸索,爸爸

怎么舒服她就怎么做。最难的就是为爸爸翻身了。那时她还不到30斤,而爸爸却有120多斤重,她要先将爸爸的双腿叠在一起,用牙咬着爸爸的衣服,往一旁拽。然后再绕到床的另一边,用脑袋使劲拱着爸爸的背,这才能完成一个翻身。

黄志仁至今还清楚地记得一件事。2000多斤收割好的水稻在院子里晒着。有天下午天气突然变了,因为担心下雨会淋湿水稻,小黄凤就赶紧一盆盆地往屋里端。晚上12点多,她实在太累了,竟然在水稻堆旁睡着了。爸爸没忍心让奶奶吵醒她,由着她睡。当小黄凤一觉醒来,爸爸心疼地说:"不要搬了,下雨就算了。"但小黄凤却摇了摇头。直到凌晨2点多,2000多斤的稻谷才搬完。

在困难中,小黄凤学会了很多。她能够烧出很好吃的饭菜,能熟练地照顾爸爸。为了给爸爸补充营养,细心的她有时还会去集市上买条小鱼,烧给爸爸吃。就这样,当同龄人还在跟父母撒娇时,小黄凤却成为爸爸活下来的唯一精神支柱。

小女孩推着爸爸去大上海治病

多年来,小黄凤一直没放弃给爸爸治病,可草药熬了很多,却没有效果。2006年11月,小黄凤拿着病历去了县城,好容易找到了医院,却又不知该问哪个医生,徘徊了半天眼看着到下班时间了,她才心一横走进一间诊室,怯生生地将病历递给了一位医生:"还能治吗?"对方无奈地摇了摇头。不死心的小黄凤又到了蚌埠,但答案是相同的。

低保就是最主要的经济来源,这个家常常捉襟见肘。时间长了,村里的医生就知道了小姑娘家付不起医药费,不愿意上门服务。有一天夜里,黄志仁发高烧,小黄凤很着急,步行三四里路去请医生,农村的路没有路灯,她深一脚浅一脚地走半个多小时才到医生家里,可任凭她怎么请求,医生都不为之所动。最后,小黄凤只好含泪回家,用毛巾给爸爸擦拭身体,希望能降低体温。

　　到了2008年,家里穷的揭不开锅了,村里人对小黄凤说:"你在家没吃没喝的,不如到大城市讨点钱。"这让小黄凤的心活了:"对,讨着钱也许我还能上学,还能给爸爸治病。"

　　2008年3月,带着家中全部的积蓄27元,小黄凤带着爸爸和奶奶,踏上了去上海的"征程"。铁板车有100多斤,加上爸爸的体重,小黄凤感到很吃力,但她依然咬牙坚持着。

　　到了县城后,一位长途客车司机听了她的诉说,被深深地打动了。几位乘客从车上走下来,将黄志仁背到车里,让他躺在一排三个位置上,那是乘客为他挪出的。板车被拆了放在车顶货架上,黄凤坐在爸爸前面,扶着他的脚。路上,司机给他们买了饭吃。

　　上海这么大,都不清楚东西南北,去哪看病呢?站在高楼林立的繁华都市中,望着熙熙攘攘的人流,小黄凤迷茫了,她只能沿着一个方向走。

　　在上海的第一天晚上,小黄凤经历了一个不眠之夜。祖孙三人只能栖身于桥洞中。3月的夜晚寒意很浓,刮着风下着雨,小黄凤瑟瑟发抖,带的被子不够,只能先给爸爸盖一会,再给自己和奶奶盖一会。

　　小黄凤连乞讨都不会,直到有个大姐姐走过来,递给她十几块钱,告诉她在身旁放个碗,乞讨的"模样"这才有了,开始有人向碗里投钱了。小黄凤从不哀求别人给钱,有人过来时,她还会下意识地躲闪。

　　最终,祖孙三人在一个搭建中的商场屋檐下暂时"安顿"下来,周围弥漫着呛人的装修材料的味道。但小黄凤却对此颇为知足,总算不会再日晒雨淋吧。这一幕被坐在公交车上的拍客"糟糠宝宝"看到了,凭直觉她感到这其中肯定有着不同寻常的故事。

　　"你喜欢吃什么?"糟糠宝宝看着瘦弱矮小的女孩问。

　　"我爱吃蛋炒饭,爸爸爱吃面条。"小女孩回答。

　　那天小黄凤先把吃的递给奶奶,然后耐心喂爸爸吃好面条,这才端起了蛋炒饭。饭已经凉了,但那香喷喷的味道,她一直记到现在。

糟糠宝宝把视频传到了网上,上海人的心痛了。在志愿者的帮助下,小黄凤终于找到了上海长征医院,然而,医院却说黄志仁的病情拖得太久,即便治疗也难以有好的疗效。无奈之下,带着在上海"赚"的4000多元钱,祖孙三人回了家。

2012年5月,"糟糠宝宝"这么回忆小黄凤:"她从来不乱扔垃圾,还把其他人丢的垃圾捡起来,放在垃圾桶里。她没有矿泉水喝,喝水要走过两条马路,到一个停车场接自来水⋯⋯她要照顾爸爸,还要照顾奶奶⋯⋯她很爱读书,板车下面放着一摞课本⋯⋯"

爱如潮水,大家齐送温暖

2009年7月,小黄凤偶然在电视上看到北京能够治疗高位截瘫,就辍学带着借来的一点钱,央求开车到北京办事的老乡捎带他们到北京看病。到北京后,没有钱,他们就在超市门口乞讨生活费,但始终没有找到武警总医院。一个多月后,怀着满腹的惆怅,父女俩回到了安徽。

如果在离家老远的镇上读初中,哪里能再利用课间休息时间回家照顾爸爸呢?小黄凤对此很着急,她决定再去找北京的武警总医院。于是,2010年4月,黄志仁父女俩和那辆铁板车,跟着物流公司的车来到北京。

在好心人的帮助下,这次小黄凤终于联系到了武警总医院,还见到了该院神经干细胞科主任安沂华。听了小黄凤"神奇"的经历后,看着这个衣着寒酸、脚趾都露在鞋外的女孩,安大夫的心被打动了:真是太不容易了!

经过检查后,医生们发现黄志仁情况基本正常,最让他们惊奇的是,黄志仁身上竟然没有一点褥疮,更没有任何并发症,一般情况下,3个成年人每天24小时护理这种瘫痪病人,才能达到这种效果,没想到一个孩子竟然能护理得这么好!

考虑到父女俩的窘境,经过研究,医院决定先免除首次手术的相

关费用2万元。2010年5月12日,黄志仁接受了第一次神经干细胞移植手术,小黄凤焦急地在手术室前等待着,心情又紧张又激动,默默祈祷着手术能成功。

让她开心的是,以前爸爸颈部以下都无法排汗,体温较高时,常常感到很难受。手术两天后,他就开始排汗,一下子感觉舒服了很多,体温也恢复了正常。

然而,残酷的现实又摆在面前,如果想让爸爸的病最大可能地得到治愈,需要进行三个疗程的治疗,这需要一二十万元,怎么办呢?想了想,她又站在了北京街头开始乞讨。

孝女小黄凤的事迹,迅速在医院内外传开了。很多医护人员、患者、清洁工等都伸出了援助之手,同病房的一个病友捐了2万元钱,来自苏丹的病人家属艾德送来一万元,他说:"她不是普通女孩,她是女英雄!"……

医院附近的一家餐馆老板,将父女俩在北京的食宿全包了,北京一所学校的校长专程请黄凤去学校过"六一"儿童节,并在全校师生中组织了募捐,善款达10036.1元。北京一家企业的员工知道此事后,自发发起捐助倡议,筹到善款两万多元,悉数交给了黄凤……有些捐助者还饱含深情地拥抱了小黄凤,希望她能够坚强地走下去。

为了更好地帮助黄志仁,武警总医院为他开通了捐款账号,希望社会各界能够给予帮助,并自愿接受监督,将每一笔捐款都记录在捐款账本上,用于黄志仁的医疗费用和父女俩的生活开支。

就这样,黄志仁又成功地接受了一次手术。

在家乡,小黄凤同样得到了政府、社会团体、好心人包括网友的关注。蚌埠市一对中年夫妻坐了两三个小时的车到黄凤家探望,见到黄凤的那一刻,他们流泪了:"这么孝顺懂事的孩子,真让人心疼,更让人感动!"

2011年1月上旬,黄凤再次陪着爸爸去北京武警总医院做手术。快过年了,父女俩心里有些焦急,家里还有年迈的奶奶盼望着他们。手术做完了,但春运时期很难买到车票,回家之梦似乎难以实现。

蚌埠铁路公安处从媒体获悉此事后,立刻派人赴京接黄凤父女俩回家,北京武警总医院也专门安排救护车辆护送黄志仁到火车站。到达蚌埠后,市民政局派车把父女俩送回了家,车上还有食油和大米。当78岁的老奶奶笑着迎上来时,父女俩的心暖暖的。

一个又一个荣誉接踵而来——安徽省道德模范、中国好人、全国十佳自强女孩……2011年10月,黄凤的故事被搬上了银幕,电影《女儿》在合肥举行了首映式。

人们都说,这个女孩让人受到了心灵的洗涤,她告诉了我们什么是孝义,教会了人们如何面对逆境,是很多成年人学习的榜样。

带着爸爸、奶奶一起上学

读初一时,黄凤来到了五河县申集镇中学。镇政府帮助她在学校对面租了两间临街商铺,从此黄凤开始了带着爸爸奶奶读书的历程。屋子里的布置比较简单,一个灶台,一台半自动洗衣机,最值钱的就是电视机了。爸爸黄志仁躺在房屋中央一张可以移动的木板床上,奶奶的床与

黄凤在陪爸爸和奶奶聊天

父亲并排放着,黄凤的小床则放在角落里。虽然没有自来水,得去邻居家的水井取水,但一家人却很满足,比起以前破旧的家,这非常好了。

虽然就住在学校对面,但时间并不很充裕。每天早晨6点,黄凤就要起床准备早饭、喂爸爸吃饭,然后匆匆赶往早上7点半就开始的早自

习。上完两节课后,黄凤赶紧回家,利用10分钟的休息时间,帮爸爸翻身。中午11点半放学了,她不能休息,而是赶往菜场买菜回家做饭。在晚自习前,她要洗碗、洗衣服……晚自习结束回到家,她又开始给爸爸洗漱、按摩……

看到女儿把这么多精力都放在了自己身上,黄志仁非常内疚,他有时会逼着女儿出去玩玩。有一次,黄志仁递给女儿3元钱,让她去赶庙会,买个女孩子喜欢的头绳啥的,但黄凤却用这3元钱买了两碗凉皮回来了:"爸,这么多年你都没有吃过凉皮,买回来给你尝尝。"一碗凉皮1块5角钱,爸爸吃了一份,她和奶奶吃了一份。

也许是因为经历过太多磨难,黄凤反倒变得很宽容。以前妈妈每次来看她时她不愿搭理,但随着岁月的流逝,她对妈妈的恨在慢慢地变少。现在已跟妈妈成了朋友,还主动跟她聊天交流。对此,黄志仁并不介意,他对女儿的大度显得很欣慰:"这是挺好的一件事,黄凤都能原谅,我还能不如一个孩子吗?"

"我看见,每天的夕阳也会有变化;我知道,我一直有双隐形的翅膀,带我飞给我希望;我终于看到所有梦想都开花,追逐的年轻歌声多嘹亮……"黄凤很爱唱歌,做饭和喂饭时都在唱,她最喜欢的是《隐形的翅膀》,还曾凭借这首歌获得学校十佳歌手。当女儿的声音通过广播传到耳畔时,黄志仁感受到了一种生活的力量。

"这首歌能唱出我心中的感受:困难一定会过去,希望一定会到来。"黄凤说,爸爸的病情在好转,他现在能够坐一两个小时了,大腿和胳膊还能稍微活动,这让黄凤看到了希望。她说自己的理想是当一名护士,照顾爸爸,照顾别人:"这么多人帮助我,我想好好回报他们。"

如今,黄凤已经转到五河县二中读书,为了方便爸爸治病,她在县中医院附近租了一间房子。"读书、工作……无论到哪里,我都会带着爸爸,有爸爸的地方就是家,我不可能离开家,有爸爸在我心里,踏实。"她说。

(王 翠 撰稿)

姚　瑞：辍学侍母，三年后再圆大学梦

和一群"90后"大学生相比，姚瑞看起来是那么的与众不同，用同学的话来说，"他有点沧桑，有点成熟"。这一点确实没错，因为姚瑞比他的辅导员还要年长。

26岁芜湖男孩姚瑞的经历有些传奇。

打工、学习之余，姚瑞还经常给母亲按摩，以缓解母亲的病痛

2004年，18岁的姚瑞考入安徽师范大学电子信息工程专业。2006年4月，姚瑞的妈妈突患重病，为了给妈妈挣医药费，已经上大二的姚瑞，毅然选择辍学打工。

辍学后，大学梦并没有随着时间的流逝在姚瑞的心中湮灭。两年半后，当大家还在为姚瑞当初的选择感到惋惜时，他再次拿起书本，仅仅用了7个月的时间，凭借令人惊叹的毅力重新通过高考，以优异的成绩再次考入安徽师范大学，让曾经戛然而止的大学生活得以延续。

一个不幸的家庭：父亲去世，母亲身体不好

对于每个人，家庭应该是依靠，但家庭能给予姚瑞的并不多，用姚瑞母亲潘文英的话来说，"这个家庭对于孩子来说是个拖累"。

1986年，姚瑞出生在芜湖一个普通的家庭。他的父母都是普通的

下岗工人,通过自己的劳动赚取微薄的收入。2001年,姚瑞上高二时,一直打工苦撑家庭的父亲,突然被查出患有晚期肠癌,不久之后就离开了人间,留下的是十多万元的债务。

姚瑞的母亲潘文英身体一直不好,自从生下姚瑞后,就患上慢性支气管哮喘。哮喘渐渐加重,病情反复发作,严重时甚至呼吸困难,她只能在家做一点简单的家务活。

穷人的孩子早当家。为了补贴家用,姚瑞白天上课,晚上做家教、送外卖,每天都不间断。除此之外,在节日和寒暑假,姚瑞还会去一些超市做搬运工赚钱。对于稚嫩的姚瑞来说,这些兼职都非常辛苦,但他还是坚持了下来,甚至在高三复习冲刺阶段,也没有停止过。

各种兼职对学习或多或少造成了一些影响,但因为自己的勤奋努力,2004年,18岁的姚瑞还是以555分的成绩考入了安徽师范大学。选择家乡的大学,姚瑞希望家庭学业两不误,能每天照顾母亲。

一个艰难的决定:离开校园,回家照顾妈

进入大学,生活对于姚瑞却没有发生太多的变化。

姚瑞当时的班级辅导员汪凯至今还记得,刚上大一,他就发现了姚瑞的与众不同。因为绝大多数从高考中摆脱出来的同学们,都把课余时间用来发展各种兴趣爱好,但姚瑞几乎不参与,因为他同时带了好几份家教,课余时间都被占满了。此外,姚瑞每天早上当送奶工,送80户,每月只能赚300元。

打工的同时,姚瑞还要照顾母亲。刚上大学不久,他就向学校申请走读。18岁的姚瑞,忙得像陀螺一样。为了给儿子减轻一点负担,母亲潘文英不顾反对,拖着病体,在小区附近的皖南医学院门口摆了个早点摊。这个不幸的家庭,生活似乎出现了慢慢转好的迹象。

然而,意外还是不可避免地发生了。因为长期劳累,2006年4月的一天晚上,正在上大二的姚瑞带完家教回家,发现母亲呼吸十分困

难,无法说话,他立刻拨通了 120 急救电话……

"当时医生说,如果再迟十分钟抢救,就会有生命危险了。"多年以后,回忆起当晚的情况,姚瑞的声音依然有些哽咽。他说,父亲的突然离世,给他的打击很大,他很害怕再失去这个世界上唯一的亲人。

虽然被从死亡线上拉了回来,但潘文英的身体更加虚弱。想起父亲临走前让自己照顾好母亲的嘱托,姚瑞非常内疚,"我觉得自己不孝顺,不该让妈妈出去摆早点摊。"

这次意外还给家庭增加了数万元的债务。思考了很长一段时间,姚瑞最终做出了一个艰难的决定:辍学打工,这样既可以照顾母亲,也能改善家庭的境况。

"考上大学不容易,人家很多人还考不上,你考上了还不念。"潘文英得知儿子的这一决定后,泪如雨下,她极力劝阻儿子,但却改变不了他的主意。

辅导员汪凯回忆说,当时已读到大二的姚瑞,在班上学习成绩很不错,得知他要退学,自己再三劝阻,但姚瑞的态度非常坚决。

一段艰辛的磨炼:机械厂打工,梦系校园

辍学的主意定下后,姚瑞立即往人才市场跑。很快,他就在芜湖的一家小作坊式的机械厂找到了一份工作。

从一个大学生转眼变成了一个小学徒,在众人不解和疑惑的眼神中,姚瑞脱下干净的校服,穿上工作服,很快就适应了新的打工生活。

姚瑞工作的小机械厂,夏天酷热难耐,冬天严寒刺骨。在这样艰苦的条件下,他在车间里操作车床,每天至少要干满 8 个小时。

姚瑞每天一早 5 点钟就起床,给母亲做饭,然后再去上班,经常是忙到天黑才能回家。工作虽然很苦,月薪也只有 500 元,但姚瑞干活很勤快,常常受到老板的表扬。

没多久,姚瑞就变得又黑又瘦,他经常累得连饭也不想吃,双手经

常在搬运钢材时磨破,但他从来没有和妈妈抱怨过一句。

潘文英回忆说,姚瑞回到家时,身上经常脏兮兮的,脸色也不好,脱下外套,就躺在了床上。冬天,他的手上满是冻疮和伤口,让人看着心疼。"两年多时间里,他从没说过累,但是我能看出。"

尽管工作辛苦,但姚瑞还是每天做饭、洗衣、做家务,给妈妈按摩,陪妈妈谈心。为了帮妈妈按摩,他还专门买书回来学习按摩的技巧。空闲的时候,姚瑞还会包饺子给妈妈加餐。

辍学打工的几年生活,很艰苦也很枯燥,但姚瑞面对采访时,并没有太多地讲述日子的辛苦,而更多地谈起感激和感悟。姚瑞说,正是在工厂里的经历,让他感受到了知识的重要性,打工的同时,他就在心里暗暗下定决心,一定重回大学读书。

一次传奇的拼搏:拼命七个月,重回大学

2008年10月,在姚瑞的努力下,家里的债已经还了一部分,负担减轻了不少,母亲的身体也比往日好了不少。

这时,姚瑞的工资已经涨到每月1500元,但大学梦重新在他的心中升腾。姚瑞辞去了工厂的工作,他决心要重新回到大学。做出这个决定时,姚瑞又遇到了老板和同事的劝阻。他们认为,对于已经辍学两年的姚瑞来说,考大学并不简单。

这一次,姚瑞再次选择了执著。

2008年10月下旬,姚瑞从工厂辞职。几天之后,他报名进入了一个高考补习班。再次拿到高中课本,姚瑞发现自己居然看不懂。当年那些烂熟于胸的公式、符号,如今和"天书"一样陌生,几乎要从头再来。第一次模拟考试,姚瑞只考了300多分,在班级排名倒数,这个成绩让他十分沮丧。

但姚瑞没有放弃,他开始调整自己,背水一战,奋起直追。

潘文英回忆说,距离高考只有半年左右的时间,姚瑞几乎是拼了

命地学习,"他每天除了早晨送报纸,其余时间几乎都用在学习上,午饭、晚饭边吃边听英语,甚至骑车回家的路上还一直背诵语文诗词,晚上回家再次将白天上课的内容仔细复习一遍"。

超负荷的学习造成了过度疲劳,两个月内,姚瑞先后感冒6次。一天下午上完课,他突然感觉一阵眩晕,随即倒在了地上,睁开眼睛已经躺在医院里。从那以后,姚瑞经常会感觉身体沉重,很疲劳,但他没有缺过一节课,辅导班的同学都说"他在拼命"。

即便如此"拼命",周围的人并不看好姚瑞。但2009年高考后,姚瑞的考试成绩,却让所有人大吃一惊:579分!姚瑞成功了!

这一次,姚瑞再次填报了安徽师范大学电子信息工程专业。姚瑞说,象牙塔外的日子里,其实他一直心系曾经待过两年的大学校园,经常梦见自己回到了大学校园,和同学在一起。

当知道自己再次被安师大录取后,姚瑞特地去了久违的校园。"走在学校里觉得自己轻飘飘的,特别高兴"。

为了能重新进入大学,姚瑞几乎每天这样挑灯夜读

重新拾起自己当初的梦想,姚瑞的喜悦是别人无法想象的。

一份未来的期待:会继续追寻自己的梦想

"现在有时候坐在班里会莫名其妙地笑起来,觉得很高兴,每次一想起重回大学就会情不自禁地偷偷笑一下。"腼腆的姚瑞兴奋而满足

地说,他觉得一切就好像做梦一样。他比任何人都珍惜这来之不易的学习机会。

由于身体虚弱,姚瑞经常感冒发烧,这几年他总感觉记忆力不如以前,然而他倔强地相信勤能补拙。从他书包里那密密麻麻写满英语单词的纸上,就能看出一个不屈服命运的男孩的抗争。

每次上课,姚瑞都会坐在第一排,不管是选修课还是必修课,笔记都是工工整整。甚至在上课时,看到不认真听课的同学,姚瑞都会忍不住去提醒一下:"当你失去之后,你才会发现这一切是多么的宝贵。"

辅导员廖仲明说,姚瑞很低调,同学们过了一段时间之后才知道他的传奇经历,"不少人把他当成了榜样和偶像"。

如今的姚瑞,为了补贴家用,仍然坚持带家教。让他高兴的是,他申请到了助学贷款,不用再为学费发愁。家里生活压力减轻了很多。更重要的是,母亲的身体和精神也越来越好。凭着自己的努力,姚瑞还还上了两三万元的债务。

姚瑞说,当年为了母亲,他没有选择,只能辍学。而现在,生活的改善给了他更大的空间,他会继续完成自己的大学梦,去追寻更多属于自己的梦想……

(向　前　撰稿)

敬业奉献
JINGYE FENGXIAN

工人把吃苦耐劳放在第一位,老师把教书育人放在第一位,医生把治病救人放在第一位……每个人都立足本职岗位,默默奉献。

任　影：折翼天使托起孩子的希望

一位中年女子坐在轮椅上,她的双手萎缩变形,却紧紧地握着一根木棍,木棍顶端固定着一个针筒,里面塞进了一只粉笔。她就用这只特殊的"加长粉笔",在黑板上一笔一画地艰难书写。不一会儿,一行工整而又秀丽的粉笔字,就映现在学生们的面前……

在阜阳市临泉县城关镇希望小学的教室中,这只特殊的

任影克服常人难以想象的困难,给孩子们上课

粉笔,已经舞动了14年。它的主人就是该校校长任影。

20岁时,严重的类风湿疾病让任影双手畸形、高位截瘫,但生活完全不能自理的她身残志坚,以轮椅为伴,创办了希望小学,像一位折翼的"天使",托起了很多农村孩子的梦,被称为"安徽的张海迪"。

高二女生患上"不死的癌症"

1966年,任影出生在临泉县任庄村。

任影从小就聪明好学,获得的奖状贴满了家里的一面墙。18岁那年,任影不负众望考入阜阳一中,成为全县考取省重点中学的3名学生之一。

美好的未来似乎正在慢慢展现,然而,谁也没能想到,厄运正在悄

悄向她逼近。1986年,正在上高二的任影突然患病,起先是手指发肿,继而是胳膊、双腿直至全身红肿,疼痛难忍。

医院的检查结果很快出来,任影患上了类风湿性关节炎,这是一种慢性全身性自身免疫性疾病,被医学界称之为"不死的癌症"。

任影每天要服用大剂量的止痛片,但依然无法减轻全身的疼痛。渐渐的,她的病情开始恶化,疼痛让她的行动变得十分艰难。

从寝室到教室,学生们只需走5分钟,而任影要一步步缓慢挪动,走上半个小时。教室在3楼,每天早晨,任影就扶着楼梯,一步步挪进教室,午饭则靠同学们轮流帮着带上来,直到下午放学后,待同学们都走了,她又扶着楼梯,一步步挪下去。

身体的疼痛和求学的苦难,并没有让上大学的信念在任影的心中泯灭。即使双手开始萎缩,双腿走路已经十分吃力,任影还是坚持参加了高考。

成绩出来后,任影的分数超过了大学录取分数线,但因为身体原因,她最终未能走进期盼已久的"象牙塔"。

1989年高考后,无情的病魔就让任影瘫痪在床,从此再也没能站起来,连翻身也需要别人帮忙。

要坚强地活着,有价值地活着

身体瘫痪了,理想破灭了,对于未来的所有向往,在一瞬间变得遥不可及。

为了给任影治病,她的家庭也陷入了困境。多重打击让任影极度绝望,看着父母为自己操劳,而自己连为他们端一碗饭、递一杯水的能力都没有,她常常暗自落泪。

"一个无法自立仍要拖累父母的人,只有死是最好的解脱。"任影想到了轻生。1991年的一个夏日,任影装作胃不舒服,开始绝食。很快,她的可疑行为被细心的家人发现。家人在床前哭成一团,任影的

心软了下来。

之后,表面平静的任影,并没有放弃轻生的念头。偶尔,一只小鸟从窗外掠过,任影就会泪流满面。"鸟儿还有一片属于自己的蓝天,而我呢,却什么都没有。难道属于自己的永远只是这窗户大的天空吗?"

一个又一个深夜,任影暗自流泪。1995年的一天,任影决定再次轻生,她骗自己的小外甥女将母亲刚买的农药拿给她看,然后自己偷偷留了几支。夜深人静时,她流着泪,偷偷服下了农药……

父亲夜里照常起床看任影,闻到一股农药味后,立刻明白了一切。

当任影在医院里被抢救过来时,她第一次看见父亲流泪了。女儿瘫痪近10年,这个刚强的男人再苦再累也没落过一滴泪。此刻,他变得那么脆弱。"如果你真有孝心的话,就求你陪我们好好活着!"父亲苦苦哀求着。

父母的话语和哭声,如一记重锤,狠狠砸在任影的心上。

任影想到年过半百的父亲,每天还要去砖窑厂搬砖坯为自己挣药费,想到父母去北京为自己买药甚至没有留下一分钱吃饭……拣回一条命的她,突然领会到:活着,也是一种责任,做人不可太自私,要坚强地活着,有价值地活着。

哪怕只来一个学生,我也要教

"陪我们活着",父母的话,给了任影强大的信念,但是怎么活着呢?难道就这样让父母养活自己一辈子?面对现实,任影陷入了深思:"我不能躺在床上拖累父母一辈子,我还可以做一些力所能及的事。"

听了任影的经历后,临泉县残联的同志给她送去了大量书籍,并通过一个个残疾人自强不息的故事,鼓励她自立自强。

在父母的细心关怀和残联的鼓励下,任影逐渐树立了生活下去的信心,1996年,她报名参加了县里开设的"社区医学函授班",希望将来

能为贫困的乡亲们治病。

这是任影瘫痪后第一次走出家门,由妹妹推着轮椅到县城参加招生考试。沿途,每当妹妹艰难地推她上坡时,总有热心人主动帮忙,这让任影非常感动:"这个世界不仅有痛苦,也有温暖。"

走出家门的任影渐渐发现,村里有很多八九岁的孩子,因为附近没有学校而不能上学,即使上学了也因为基础太差跟不上学习进度。

从此,任影一边自学,一边开始给村里成绩差的学生无偿补课。渐渐的,办学的念头在任影的心中萌发,她希望村里的孩子能更加方便地接受教育。

当任影把这个想法说出来后,家人被吓了一跳。在他们看来,残疾人办学,难度太大了,况且,招不到学生怎么办?他们生怕任影再遭受打击。但是,任影已经铁了心,她说:"哪怕只来一个学生,我也要教。"

在她的坚持下,家人妥协了,他们腾出家里的空房子,给任影办了一个学前班。

再苦再累,我也要忍受

一个正常的人,是很难想象高位截瘫的任影,如何进行教学辅导的。

困扰任影的第一个难题是:坐在轮椅上的她,如何写板书?为了解决这个问题,任影想了很多办法,她每天找来各式各样的笔,放在桌子上来回实验,但都不行。

有一天,任影在看医学书时,突然想到,注射器和圆珠笔笔筒一样可以前后拉伸,她就让妈妈赶紧找来了一支注射器。

在任影的琢磨下,可以坐在轮椅上板书的教具终于产生了:在一根带有凹槽的细木棍一端套上一个注射器外壳,再在注射器外壳里塞入粉笔,这样就做成了推拉自如的"加长粉笔"。

有了笔,还必须能够熟练运用。由于双手肌肉萎缩,严重畸形,为了驾驭这支特殊的粉笔,任影刻苦练习,常常胳膊疼得都抬不起来。

1998年8月1日,任影的学前班终于开学了。当坐在轮椅上的任影被母亲推进教室时,她哭了,班上竟然来了24名孩子,其中还包括两名残疾儿童。

除了24名孩子,教室的窗外,还站满了听课的家长。看着教室里的学生和窗外家长信任的目光,任影觉得自己仿佛站起来了,她暗下决心,一定不要辜负大家的期待,"再苦再累,我也要忍受"。

学前班的孩子们,没有任何基础,任影就在轮椅前放一张桌子,一个个手把手教他们最基本的笔画。一个上午下来,她本来就畸形的胳膊和手,疼得连抬起来都很困难。

很快,一年过去了,第一届学前班的孩子们毕业了。在任影的悉心教育下,孩子们学到了很多知识,有了明显的长进。

"把孩子放在你这儿,我们放心。"这个时候,家长们纷纷找上门,恳求任影要继续办一年级。面对那么多家长的信任,任影的父亲赶紧盖了两间茅草房当做教室。

第二个学年,任影又招了26个孩子,她给自己的学校起了个名字叫"任庄希望小学"。她说:"办学给了我人生的希望,我也希望我们农村的教育充满希望。"

14年,走出了上千名学生

因为努力付出,任影的任庄希望小学在当地的名气越来越大。随之而来的,是更多慕名而来的学生。

为使学校符合社会办学条件,2002年,任影向兄弟姐妹"集资",又借了一些钱,凑了十几万元,在村里盖起一栋3层6个教室的教学楼。

到了2007年,经过考核,任庄希望小学的各方面条件达到办学要求,被临泉县教育局正式纳入城关镇管理,更名为"城关镇希望小学"。

随着学校越办越大,任影也感到了自身管理经验和教育知识的匮乏。为了更好地管理学校、提高教育教学水平,2001年10月,她报名参加了安徽师范大学教育管理专业的全国自学考试。

任影和她的学生们快乐地在一起

之后,任影白天教学,晚上自学,每天看书到深夜。几年后,她终于拿到梦寐以求的教育管理大专文凭。这是她1999年拿到医学专业毕业证后的又一个学历证书。

合肥一位姓陈的女士,得知任影的事迹后,非常感动,每年都寄钱给希望小学,还打电话鼓励任影把学校办好。在任影向这位未曾谋面的女士表达感谢时,她对任影说:"我应该感谢你,从你身上我学到了自强不息的精神。"

陈女士还给学校捐赠了一台电脑,任影又学起了电脑知识,一双萎缩的手渐渐能较快地用五笔打字了,她还上网开通了QQ空间、博客,并学会了用电脑办公。

任有武是村里一名残疾青年,由于患有严重的小儿麻痹症,只能靠手按着脚跟走路。上初中时,他因为行动不便,遇到雨雪天气就无法去上课,任影就主动帮他补课。由于自卑,任有武经常想放弃念书,任影就用自己办学的经历教育他,鼓励他一定要读书,学习一门技术。中学毕业后,任有武通过自学,取得了医学专业毕业证,并在村里办起了诊所。

这些年来,任影的办学规模一直在扩大,目前已发展到6个年级、8个班级、200多名在校生。

据统计,14年来,有上千名学生从任影的学校走出。任影用自己的实际行动,不仅传授着知识,更是在传递着一种自强不息的信念。

不会停止前进的脚步

这些年来,上课,备课,批改作业,因为过于劳累,任影有时连饭都吃不下。有一次因为肾结石,任影腹痛难忍,尽管医生要求住院观察,但惦念着学生的她,还是坚持拿药回家治疗。

还有一些朋友劝她接受手术,从轮椅上站起来,但任影考虑更多的是如何把学校办好,她要把积攒下来的每一分钱,都用到学校发展上。

任影的同事郭俊英老师说:"任影爱说爱笑,十分开朗,她的自强感染着身边每一个人。她每天坚持学习,甚至都学到晚上11点,对我们这些身体健康的人都是一种促进。"

2010年9月10日,安徽省委书记张宝顺作出重要批示,要求全省广大教育工作者向任影学习。2010年9月26日,安徽省教育厅有关处室负责同志赶赴临泉县,看望慰问了任影,并宣读了《安徽省教育厅关于授予任影同志"全省优秀教育工作者"荣誉称号的决定》。

2011年,任影当选"十大三农人物"。2011年9月8日晚,任影在中央电视台出席"寻找最美乡村教师"颁奖晚会,并被授予"最美乡村教师"称号。同年年底,任影在北京市人民医院做了初步检查,医生检查后认为,经康复治疗后,她的身体功能上会有极大改善,可望恢复行走能力。

2012年1~2月,任影老师在北京成功地进行了两次关节置换手术,目前正在康复阶段。在不久的将来,她就可以摆脱轮椅,站起来了。

"我不会停下自己的脚步。"任影说,她将会把毕生的心血投入到农村教育中去。随着学校名气越来越大,很多人都希望进入学校。接下来,她打算进一步扩大学校规模,让更多的农村孩子受到教育。

(向前 撰稿)

刘伟民：身高一米四，却是农民心中的巨人

小麦和刘伟民的关系，就像水稻和袁隆平的关系一样

1978年，25岁的涡阳农村青年刘伟民考上了大学。十里八乡的人对这个身高仅一米四的小伙羡慕极了："这孩子跳出农门了，以后能当干部啦！"

然而谁也想不到，4年后这个大学生竟又回到了田地中，每天都闷头闷脑地"摆弄"着农民祖祖辈辈熟悉的小麦。"咋还当农民？"人们目瞪口呆。

15年后，他们的困惑才得到解答。就是刘伟民当年那个"傻帽"决定，才有了皖麦38的诞生，十几年来为农民增收了20多亿元。满怀敬佩和感激的人们称他是安徽的"袁隆平"。

儿时的梦想，让他回归了田园

刘伟民于1953年出生在涡阳县青疃镇的乡村。他的母亲是涡阳县西阳镇一所小学的老师，而父亲则在吉林省工作，一年只回来一次。一双儿女由母亲带着在农村生活。

刘伟民的成长道路颇具波折。他是难产儿，从小体质孱弱，一场普通的感冒对他而言都是大麻烦，打针吊水，十多天才能好。14岁时

一场大病过后,刘伟民再也没长过个子,身高从此就定格在一米四。

1960年,饥饿像瘟疫一样袭遍了村里每个角落。这对年幼的刘伟民来说就像一场梦魇,至今他还记得饥肠辘辘的感觉。在那场大饥荒中,疼爱他的大舅饿死了,因食用霉变的红芋充饥,隔壁邻居一家四口竟死了三人,真惨。"如果田里能长出很多粮食,那就好了。"这两件事让刘伟民明白了粮食对人命的重要性。

1974年,刘伟民和同学们到县农科所参观,在那里他看到各种各样的小麦品种,尤其看到试验人员正在用红芋籽育种时,他感到很新奇。"如果我能掌握改良品种的技术,增加小麦产量,那该多好!"一个大胆的想法在刘伟民心中形成,那时的小麦亩产量仅三四百斤。

1978年,刘伟民以优异的成绩考上了大学,在填报志愿时,想都没想他就选择了安徽劳动大学农学专业。又寒窗苦读4年后,摆在他前面的有3个就业选择:一是县农业干部培训学校教师,政府全额拨款;二是县种子公司,经济效益很好;三是县农业科学研究所。

经过一番思想斗争后,刘伟民选择了县农科所,这个消息在亲朋好友中炸开了锅,在他们看来,这无异于回乡种地。

"伟民,你天生体弱,田地里的活那么重,你吃得消吗?身体好的人都待不久,你这不是找罪受吗?"

"伟民,其他两份工作更适合你,又清闲待遇又高,多少人想做都做不成,可不要犯傻啊!"

"你考上大学容易吗?谁不想跳出农门往高处走?咋又选择种地了呢?这大学不是白上了吗?"

……

但无论别人怎么劝说,刘伟民都毫不动摇,他实在放不下多年的梦想。在苦劝无效下,大家都摇了摇头:"你会后悔的。"

惊人的毅力,让他走向了成功

"其实,除了梦想外,做这个选择,还因为我性格内向,不爱跟人打

交道，做研究更适合我。"多年后，不愿拔高自己的刘伟民质朴地说。然而一进县农科所，他就发现现实比想象中更困难。县级农科所压根没有培育良种的任务，科研经费不足，甚至工资都可能发不起。试验仪器已搁置在储藏室多年，落满了灰尘，而且残缺不全。这正应验了后来流行的一句话：理想很丰满，现实很骨感。

刘伟民没有气馁。仪器坏了，他就自己修理，反正平时自己业余就喜欢琢磨无线电维修。没有种子袋，他就用信封做。没有实验标签，他就四处搜集废纸盒，然后剪成标签。每年他都要做几千个标签，于是亲朋好友就成了他的"废品供应商"……总之，一切都要靠自己。

1987年，刘伟民接下了时任所长解云鹤交代的任务：小麦育种。那时小麦亩产七八百斤，百姓的温饱问题已基本解决了，高质就成了刘伟民关注的重点。而当时中国小麦育种的状况是：高产和高质难以同时实现。研究出优质高产的新品种，就是刘伟民要挑战的目标。这是一场艰难而漫长的战役，但他决心要打下去。"育种要有超前性，要分析10年后的市场需求。"刘伟民说。

虽然出生在农村，但由于父母都有工作，吃商品粮的他没种过地，但小麦良种培育要在试验小区进行，于是，书生刘伟民摇身一变，成了"农民"。

到了上世纪90年代，农民在播种时开始采用机械操作，而试验小区太小，每块仅有几十个平方米，无法容纳机器，因此只能人工播种。按照工作需要，刘伟民足足设计了200多个试验小区，这是很大的工作量，对个头矮小的他来说，那个锄头是如此的沉重。

培育良种是一个极其繁琐而枯燥的过程。播好种后，刘伟民每天都在田间进行管理，认真观察记录……从小麦开始出苗起，在不同的阶段，他都要不厌其烦地一株株地数着，只为了解小麦的分蘖数、抗寒性；他吃力地背着30多斤重的药箱，亲力亲为，只为减少实验误差；他在雨天追肥，把鞋丢在一边，在脚上套着塑料袋，只为不踩坏小麦……

严寒时,他的手脚被冻得冰凉麻木,酷暑时他顶着灼热的太阳挥汗如雨,雨雪天他浑身上下都是泥巴……在那些试验小区里,人们总能看到他忙碌的身影。那个小小的身躯里,似乎包含着无限的力量。

好容易到了收获时节,农科所却没有机械。收割、装车运输、脱粒、打场……所有的事情都是刘伟民和同事手工操作,每天忙到半夜才睡是常有的事情,刘伟民常常累得直不起腰,但他都咬牙坚持住了。

麦粒打好了,工作还没完。刘伟民还要做考种工作,考察小麦穗部、籽粒等的性状,切开麦粒观察……每一个步骤都是那么的繁琐枯燥。

数数是一件轻而易举的事吧,但数千粒重可不是一般的难。200多个试验小区,一个试验小区至少选一个样本。而要准确测出一个样本的千粒重,那至少就要数2000粒以上的小麦,数好后还要称重……这一数就要数一个星期,那种毅力真让普通人咂舌。

吃饭、走路、做事……数啊数,终于把数数养成了习惯。有一次吃饭时,刘伟民竟然数起了自己吃的米粒,见丈夫跟着了魔一样,妻子吓坏了,赶忙让他躺在床上休息下大脑。"1、2、3、4、5……"在睡梦中,刘伟民竟又开始了,不停地从1一直数到1000。看着丈夫那疲倦的脸庞,妻子真不知道是该生气还是好笑,更多的还是心疼和担忧。

一轮结束了,优胜劣汰,紧接着又是新的一轮。失败、失败……但有那份坚持,终会走向成功。

十年磨一剑。1997年9月,刘伟民终于培养出了高产优质高效的小麦新品种——皖麦38。在科研过程中,刘伟民创造的"回归曲线作图比产法"起到了极其重要的作用。

耐心的指导,皖麦38得到推广

研究出皖麦38,刘伟民并没觉得自己完成了任务。小麦良种再好,如不能转化为财富、大范围推广种植,那所有的努力等于白费。于

是在以后的日子里,他一边继续做科研,一边尽心尽力推广皖麦38。

然而就在皖麦38推广伊始,意想不到的困境来临了。1998年一场严重的自然灾害袭来,三次大风雨后,全县的小麦发生大面积倒伏,农民对是否还继续种皖麦38产生了摇摆。

田间既是刘伟民工作的地方,也是他的家

刘伟民进行了仔细分析。他认为,皖麦38之所以倒伏,跟农民盲目下种施肥、没有科学的种植方法等有关。"看来光提供良种不行,还得把好的种植管理方法推广给农民,否则,皖麦38就难以充分发挥优势。"他陷入了沉思中。

为了帮助推广皖麦38,涡阳县委、县政府及时组织成立了"38种业集团公司",该公司与农民签订协议时做了承诺:如果达不到预期产量,一切损失由公司承担。

刘伟民担任了推广新品种的总技术顾问。从1997年起,他就奔忙在涡阳县的各个乡镇农村的田间地头,施肥、播种、管理……无论问题大小,他都会给予农民认真的解答和指导。

农户刘振杰还记得,2002年他种植的小麦得了白粉病,非常焦急地向刘伟民求助。细心调查后,刘伟民发现了导致小麦染病的原因,他亲自施打农药,避免了小麦减产损失。

农户刘春华也记得,她所在的村子离农科所有十几里,但不管天气如何,刘伟民每隔几天都会骑着自行车前来指导。他完全没有架子,和气得很,教会了大家很多农业技术知识,却从不在农户家吃一

顿饭。

在刘伟民的细心指导下,第二年农民种植皖麦38取得了很好的收成,所有示范区的平均亩产都达到900斤,百亩丰产田亩产量更是喜人,超过一千斤。而且跟普通小麦相比,皖麦38的售价要高些,每亩可增收100多元钱。农民们欣喜不已,他们看到了经济效益,从此对皖麦38的信心变得很足。

皖麦38以它的高质高产等优势通过了省级审定,还获得了省科技进步一等奖。1999年5月26号,皖麦38顺利通过国家审定,并被列入国家"九五"科技攻关计划。2001年12月,"杂交水稻之父"袁隆平获得国家最高科学技术奖,当年国家科技进步二等奖的得主,就是刘伟民。

从1999年开始,皖麦38在涡阳县得到了大面积推广,到2008年全县种植这一品种已达80万亩,占全县小麦种植面积的60%以上。而10年间皖麦38在全国累计推广3000多万亩,为农民增收20多亿元。最可喜的是,皖麦38的问世和推广大大缓解了我省强筋小麦依靠进口的状况。

"包饺子不烂、擀面条不断、面包能做沙发垫",涡阳的农民这么骄傲地比喻皖麦38,在他们心中,矮矮的刘伟民是中国小麦育种界一名真正的"巨人"。

在对皖麦38进行完善后,刘伟民和同事又培育成功强筋小麦新品种"皖麦38—96",亩产最高可达650千克。之所以叫"96",是因为1996年他们开始在皖麦38的基础上做培育工作。

赤诚的心,无论荣辱他都不变

刘伟民获得的荣誉数不胜数。他是涡阳县十四届、十五届人大代表,亳州市第一、二届人大代表,安徽省第十届人大代表,安徽十大新闻人物,中国好人,全国先进工作者,全国杰出专业技术人才,全国优

秀科技工作者……

而成功的背后,却是那难言的心酸,刘伟民和家人已经慢慢咀嚼了很多年。一提起家人,刘伟民心中就会有一种强烈的内疚感。

妻子孙朝英是农村人。当年她之所以选择其貌不扬的刘伟民,主要因为仰慕他是大学生,以后前途肯定不错,能让她脱离农村人的生活。但事实是,刘伟民的工资只有几十元钱,有时这么点工资都不能保证发,生活何谈幸福,甚至可以说,比以前更苦。

刘伟民把全身心都投入了科研中。为了补贴家用,妻子可是想尽了办法,拉煤球、摆小摊、卖麻絮……只要能赚钱,她愿意吃任何苦。见妻子这么一个弱女子为了家如此拼命,刘伟民的心颤抖着。

1992年,县农科所的效益不好,刘伟民的工资只能发一半,这日子可怎么过啊?一家人都发了愁。

这天,刘伟民正在试验小区里忙活,县农场场长找到了他。因为一直敬重刘伟民的人品和学识,他想请刘伟民到农场工作,并承诺除了工资外,还能帮忙解决刘伟民妻子的工作。听到这诱人的条件,想到家里的实际困难,刘伟民有些动心了。

从选择到县农科所的那天,刘伟民就知道自己走的是一条什么路,对以后的苦和穷也有充分的心理准备。但妻子呢,可是一天福都没享受过啊,还要撑起这个家……妻子和工作,何去何从?他困惑了。

但在反复衡量下,刘伟民还是摇了摇头,依然只为心中那个梦想。

想了又想,凭着向亲友借的3000元,刘伟民开了个家电维修点。从此,他白天在试验小区里做研究,晚上就维修家电赚钱。那种累,真是深入骨髓。

女儿一提起爸爸就会落泪,爸爸太累太辛苦了,每天只要他一回到家里,就躺在床上不想起来,还常常听到他半夜翻身时"哎哟"一声。

常年的辛苦劳作,让刘伟民患上了严重的疲劳症,别人不干活时舒舒服服的,可他不干活时却感觉身上像压着一块巨石,坐下来就不想起来。

1995年的一天，下暴雨了。刘伟民冒雨来到试验小区里，为收割好的小麦盖上雨布。在雨中他忙活了一两个小时，小麦没受到损失，但他却患上了急性肠炎。第二天他又投入到抢收中。病情一再拖延，急性肠炎转成了慢性肠炎，这个病成了他的"老朋友"，经常冒出来折磨着他。

"要不别做了，为了做实验，你难道连命都不要了吗？"妻子多次心疼地哭着劝他。

刘伟民何尝没想过跳槽，大学毕业后，他的同学都在过着安逸的生活，自己过得还不如农民，同事也跳槽了，哪个过得比自己差啊……但这都是一瞬间的想法，他对土地的爱，已经融入生命。

虽然陪伴家人甚少，但在家人心中他却是个顶天立地的男人。无论妻子怎么唠叨，他都不顶嘴吵架，总是笑着听着。他用自己的方式爱着他们，遇到不开心的事情，从不把不愉快的心情带回家，自己能解决的就不麻烦家人……对刘伟民，家人选择了默默支持。

在同事看来，刘伟民没有任何架子，总是帮忙收拾散乱的档案资料，修理损坏的机器……

是的，刘伟民依然是刘伟民，不管有多少荣誉，他都依然那么谦逊平和。如今，他在忙着培育高产中筋小麦、高产强筋小麦两个品种。他知道，科学探索的道路没有止境，未来还有更难的课题需要他攻克，但为了"让农民过得更好点"，无论多么艰辛，他都会走下去。

（王　翠　撰稿）

王汝新：路是家，养路是本能

不知道有多少人了解养路工？那橘黄色的背影早已成为马路上常见的一道风景线，但又有多少人会驻足，看看他们到底在忙碌什么呢？

18岁那年，王汝新成为合肥市肥东县的一名养路工。从父亲手中接过铁锹和扫帚时，他还有些懵懂：啥是养路工？扫马路的？

抢修道路、疏通沟渠、改善路况、延长公路寿命周期……不管是刮风下雨还是严寒酷暑，养路工都必须冲在第一线，辛酸苦辣，不为人知。30多年过去了，王汝新早已明白，这才是养路工真正的生活。

虽然获得了无数荣誉，但王汝新说："我愿做颗铺路石，一辈子无怨无悔。"

路是家，养路是本能

"先别管养路工是啥，既然接下了父亲的铁锹，我就得好好干！"在成为公路系统一员的那一天，年轻的王汝新就对自己这么说。如今，他已年过半百，但依然兢兢业业地履行着自己当年的誓言。在他负责养护的公路段，留下了一个又一个感人肺腑的故事。

2007年8月，高温。在合相路八斗段，一场大修正在进行，王汝新

王汝新向工人传授施工技巧

发现沥青拌和料短缺。"如果因此延期修路,就可能有更多的道路安全交通隐患。"想到这,他卷起了衣袖,拿起铁锹,连夜进行沥青拌和。天气很热,但他却不愿休息,直到再也撑不住,晕倒在地。同事赶紧将他送到医院。

王汝新躺在医院里打着点滴,虽然高烧不退,但总算有了难得的休息。突然,一场暴雨倾盆而下。他很快就得知:有险情!S101公路7K+100段发生严重水毁!王汝新再也躺不住了,他赶忙向医生请求出院。"高烧病人哪能出去淋雨?简直是胡闹嘛!"医生根本不同意,一再劝他好好休息、安心养病。可王汝新哪里能放心?险情就是命令啊!焦急万分的他趁医生不注意,干脆一把扯掉了打点滴的针头,溜出病房就往水毁现场赶。

看着深深的积水,所有人都发愁了,不知从何下手。根据多年的养路经验,王汝新判断,路基下方一个隐蔽的涵洞可能被堵塞了,致使水流无法畅通。当同事们束手无策时,只听"扑通"一声,王汝新竟然跳了下去!在齐胸的积水中,他艰难地摸索着找到了涵头,有石头和沙包!原来,附近的农民为了蓄水,用石块和沙包把涵洞堵住了。

积水这么高,想疏通涵道必须潜入水中。王汝新想都没多想,他深深吸了一口气,然后迅速潜入水中,用自己的双手慢慢掏出石块、沙包,完全不管水有多脏。"这王汝新发着高烧还这么做,是不是不要命了?"同事们被打动了,他们一个接一个"扑通"、"扑通"地跳入水中。在大家的齐心协力下,水开始慢慢退去,涵道终于通畅了。同事们赶紧把王汝新从水中拉出,此时的他已虚弱得说不出一句话。

2008年冬,一场多年不遇的暴雪从天而降。连续的强降雪使王汝新负责管养的路段积雪结冰严重,交通因此中断。很多乘客被堵在了路上,忍受着饥饿和严寒,王汝新决定用工业盐溶剂的方法尽快融雪除冰,让乘客早日回家。

王汝新带领抢险突击队争分夺秒地装运工业盐。手上本来就有

磨破的伤口，只要一用劲，伤口就越来越大。当伤口碰到盐粒时，真疼啊！但他却不愿意停手。毕竟，还有那么多乘客在眼巴巴地等着回家呢！疼得难以忍受时，他就用舌头舔舔伤口，然后继续搬运……4车共120吨工业盐、43.6公里的路面，撒完用了6小时。冰雪在融化……

干完活，大家才发现，他的双脚被盐水和汗水都泡得起皱了，还冒着血，疼痛难忍。"这可是治脚气的好办法！"王汝新冷幽默了一把，长长地舒了口气。

那场暴雪中，他和同事们在抢险一线奋战了七天七夜，饿了啃方便面，渴了喝矿泉水，实在困极了就在车上眯瞪会儿。

同年的一天晚上，由于雪大路滑，包公巷大转盘段部分车辆抛锚，交通堵塞严重。车主们滞留在公路上，不停地埋怨着，狂按喇叭来发泄心中的不满。

王汝新等20多名养路工来到现场，一边冷静地安抚着烦躁的车主，一边迅速铲除冰雪。在他们的努力下，车辆开始移动了。

刚刚能喘口气，王汝新却看到一辆大货车因载货过多，遭遇路滑无法移动，堵住了后面的车辆。大家想了很多办法，都没能解决这个问题。王汝新急了，他迅速脱下棉袄，直接垫在车子的后轮上，然后跟同事们一起拼命地用肩膀顶车后厢，车子终于动起来了。衣服破了，不能再穿，天寒地冻的，王汝新却开心地笑了。这一幕感动了原本很恼火的车主们。"你们公路人真是好样的！"他们赞赏说。

终日"战斗"在公路上，公路成了王汝新的"至亲"，养路护路也成了本能。"每逢天气变化，在维护好自己负责的路段的同时，我都会看看其他路段，发现问题及时帮忙解决。"王汝新说。

2008年中秋节傍晚，王汝新和妻儿前去岳母家吃团圆饭，前方道路上一堆秸秆引起了他的注意。那堆秸秆占据了道路的一半空间，天黑时如果驾驶员一不小心撞了上去，可能会危及生命。虽然这段路不属于自己的管养范围，但王汝新却毫不犹豫地抱起了秸秆。

"赶紧走,家里人等着我们吃饭呢,再说这条路也不归你管啊!"妻子有些不满。"这是啥话?我是养路工,养路是我的责任!"王汝新干脆地回答。那天,三口之家足足忙了3个小时,才把秸秆全部搬运到路肩外。

爱路养路,他一身病痛

为了那些平坦大道,为了保障道路交通的安全,王汝新付出的不仅是青春和汗水,还有健全的身体,这让他和家人几多惋惜几多心酸。

1986年7月的一天,王汝新和同事忙着进行坑槽修补。一名养路工在操作时一不小心,几滴沥青就溅到了一辆正在飞驰的轿车上。车上下来几个酒气熏天的青年,气势汹汹地抓住那名工人就打。王汝新赶紧护住了同事,说:"对不起,我是班长,一切责任我负!"他的话招来了一顿拳打脚踢,王汝新只好双手抱住头,蹲在地上,默默承受着这一切。

王汝新坚守在公路养护一线岗位上

第二天,王汝新虽然感到不适,但还是照常去上班。正干着活时,他突然觉得腹部疼痛难忍,随即昏倒在路上。到医院一诊断才知道,他的脾破裂了,肚子里都是血。切除脾脏、清洗腹腔……还好抢救及时,否则命都保不住。

就这样,王汝新成了"半残疾人",脾的摘除让肥胖、脂肪肝、高血糖等疾病跟他如影相随,经常让他感到不适。"为什么当时不反抗呢?"面对人们的疑问和不甘,王汝新的答案是:"不能打架啊,我们代

表着公路人的形象,动手会给公路人抹黑的。"

认识王汝新的人都知道,他总带着一副变色眼镜,不过这可不是好看耍酷。在这背后,有一个更为心酸的往事。

2009年10月7日上午,在县道026线石长路上,中修挖补施工在如火如荼地进行着。忙到中午时,只剩下最后一个坑槽,大伙都提议先回去吃饭休息。王汝新认为这个坑槽比较大,他建议及时修好,以避免出现交通事故。这个建议被大家采纳了。

然而就在王汝新蹲在路肩旁仔细查看平整度时,一辆农用运输车飞速开过,打飞了一小块铁皮,不幸击中了他的左眼球。王汝新感到疼痛难忍,突然什么都看不见了,眼前一片黑暗。因为伤势严重,当地医院无法为他医治。在省里的医院,他接受了两次手术,眼球和眼角膜缝合了,铁皮也取了出来,但他的左眼却永远失去了光明。

这次事故后,只要一见阳光,王汝新的眼睛就会流泪,他不得不戴上一副眼镜。眼睛对每个人来说,何其重要啊!很长一段时间,王汝新都对这场飞来横祸难以释怀。

脾没了,眼瞎了,还一身病痛。有人说,这就是工作太过认真、责任心太重所付出的代价,真不划算啊!如果当时不那么做就好了……但在王汝新那里,却没有那些饱含后悔之意的"如果",更没有任何抱怨。作为不为人关注的养路工群体中的一员,王汝新所经历的困难和委屈太多了,但这始终都没有让他产生过退缩之意。

爱护同事,却亏欠家庭

对公路事业,王汝新可谓问心无愧,可对家人他饱含内疚。尤其每次想到去世的母亲时,他就心如刀绞,忍不住流泪。这份痛,远比身体上的伤残刻骨铭心。

1984年6月18日,王汝新和同事接到抢修命令:3天之内,要将合浦路半店段3公里的路面重新铺筑。短短3天时间,太紧迫了!当

时的技术条件可不比现在,王汝新一人身兼多职,担任施工负责人、技术负责人、压路机驾驶员,带领30多个养路工,不分白天黑夜地施工,希望按时按质完成任务。

母亲重病住院,病情一直在恶化,随时都可能离开人世。妻子两次托人带信给王汝新,让他回去照顾母亲,哪怕见一面也好啊。母亲病危,儿子怎能不心痛?但为了工作,王汝新却把此事给拖延了下来,他没意识到母亲病情的严重性,心想过一两天施工完毕后,再回去尽孝心也不迟。

6月21日,在施工现场,王汝新吃惊地看到了自己的叔叔。步行了40多里来报丧的叔叔一见到侄子,再也控制不了内心的气愤,上前劈头盖脸就打,大骂侄子是不孝子。王汝新大脑一片空白,整个世界在那一刻黯淡了:母亲离开了!

那一刻,他泪流满面,忍着痛苦坚持着把最后一段工程做完,他像疯子一样往家赶:"母亲,在你弥留之际我都没能在你身边,儿子来晚了,对不起……"

那年夏天,一场滂沱大雨。王汝新家里房子的土坯墙被淋塌了,大风刮来,房顶上的草被吹散了,屋子里就像发了水灾一样,妻子一筹莫展。可丈夫王汝新在哪里呢?他的确在忙着排水,不过却是在公路上。

1990年8月,妻子吴素英患了胆结石,发作起来疼痛难忍,在合肥市双岗医院接受了手术。再坚强的女人在经历病痛折磨时,也会变得柔弱,她多么希望跟其他病人一样,有丈夫陪伴在身边啊,但忙碌的王汝新却没有看护妻子一天。吴素英只能一个人躺在病床上,独自忍受着孤独和失望。

不分白天黑夜地工作,公路才是王汝新的家,红白喜事啥都不操心……家中重担几乎都落在了妻子身上。当她太疲倦时,也曾流过泪,但对这个"老实巴交"、"做事一根筋"的丈夫,她还是给予了充分的

支持和理解。知夫莫如妻,丈夫那赤诚的爱路之心她哪能不知?这让王汝新感到又内疚又揪心:没有妻子的理解,他哪能安心工作?

作为一名父亲,王汝新平时给予儿子王飞的关注也不多。2008年暴风雪袭来时,大雪封路。从西安坐火车回家的王飞被困在蚌埠火车站,身上的钱所剩无几,他赶紧打电话给爸爸,希望爸爸想办法接自己回家。可3天过去了,爸爸还在家乡忙着排除险情呢。这让王飞感到很心凉,回家后他几天都没跟爸爸说话。

不过,虽然王汝新对家庭照顾不周,但对同事却很关照,作为店埠道班班长,他总是竭力让同事们感到温暖,希望这个集体能给同事家一般的感觉。他认为,只要大家一条心,养路工作就会做得更好。在道班中,同事们也很信服他。

2011年10月15日晚上11点多,同事老李突然给王汝新打电话,他情绪很低落。跟大多数同事一样,他来自农村,现在正是秋收时节,但也是公路养护的重要时段。老李没空回家,妻子只能一个人收割稻子,忙不过来,第二天又要下雨,气急之下她就提出了离婚。听完老李的满腹苦闷,王汝新立即喊上妻子,带着两位没成家的同事,连夜赶到老李家,帮忙把稻子都收了。老李的妻子感激地流泪,她表示以后会无怨无悔承担一切家务,再也不闹了。

学习技术才能养好路

每天早晨7点,王汝新和同事就开始上路工作了。一年365天,他们都得仔细查看所负责的公路路段,如果碰到不好的天气、沟渠、涵洞、桥梁……他们会反复地前去查看几遍,并及时进行道路养护。

在王汝新的带领下,店埠道班的成绩相当喜人,他们所管辖的40多公里的公路路面,完好率一直保持在90%以上,在省、市公路养护年度检查评比中成绩显著,还获得过"七连冠"。

别以为养护公路只要付出体力就行,技术也是不可或缺的。王汝

新对此深有体会,他幽默地说:"扫马路也不是件容易的事,也要有技术含量的。"每天巡查完毕回来,他都会打开书本学习公路养护知识,还认真地做着笔记。"现在道路修建的技术标准高,老百姓对道路通行质量要求更高,不能用老眼光对待现代养护,所以我们要加强学习养路规范知识,提高公路寿命周期。"他常常对同事说。

王汝新带着同事刻苦钻研,创新出了1米化的标准化路肩、二阶平台、乳化沥青处理病害的养护工艺等很多现代化养护理念,在全省得到了推广。他还研究出了"公路养护规范(土工布填补沥青面层)技术",在全国公路第二届工作会议上获得一致好评,该技术还在全国得到了推广。

这个当年对养护知识一窍不通、只知道"扫马路"的初中毕业生,现在已经成为一名养路专家。

王汝新曾经说过,只要付出了就会有回报。没错,他的坚持和无私打动了很多人。省市公路局先进生产者、合肥市政府抗雪除冰保畅先进个人、合肥市"五一劳动奖章"获得者、安徽省"五一劳动奖章"获得者、全国"模范养护工"、中国好人……这些荣誉可谓实至名归。

如今,儿子王飞早已原谅了这个"不称职"的老爸。原来,为了能搞明白老爸为何那么忙,王飞在2008年暑假专门到一个工程公司实习。在那里,他体验到了公路养路工的艰辛,对于老爸获得的荣誉他更是由衷地佩服,大学毕业后他也选择了公路养护工作,他想学习老爸,爱路养路。

儿子的这一选择,自然是对老爸王汝新最好的肯定。儿子的这一选择,才是老爸王汝新最大的骄傲。

(王 翠 撰稿)

马方才：默默奉献，用生命照亮别人

马方才在教学工作中为我们树立了榜样

他为人师表，关爱孩子，从教30多年来，一直勤勤恳恳、默默无闻。

他舍己救人，不图回报，先后两次冒着生命危险从深水中救起三个鲜活的生命。

他孝老爱亲，呵护家人，30多年来，精心照顾身患脑血栓、气管炎的岳母和生活不能自理的岳父，一直无怨无悔，任劳任怨。

他就是马方才，铜陵县太平老观小学的一名老教师。

他的高风亮节，赢得了全校师生和周边村民的尊敬和爱戴。

一位深受孩子喜欢的好老师

在铜陵县西联乡太平老观小学的教室内，经常能看见一位头发花白的老教师与孩子们一起讨论问题的画面，他就是马方才。孩子们围在他的身边，不时提出各种问题，马老师总是有问必答，直到孩子们满意了,他才离开教室。

57岁的马方才1976年参加工作。如今已从教30多个年头的他,在孩子们的眼中是个特别平易近人的老爷爷。在铜陵县太平老观小学,马方才负责的是四五年级的英语课。孩子们说,他讲课很有意思,大家都很喜欢听他讲课。

遇到不懂的问题,孩子们总是跑过去向马老师请教,不仅是在学校,连马老师的家里也成了孩子们常去请教的地方。住在离马方才家不远的一些孩子,经常会来到马方才家中,向他请教各种问题。而一些父母长年在外的留守儿童,更是成了马老师家里的常客。

多年来,马方才坚持义务给学生们补课,经过他的及时辅导,许多的孩子的英语成绩都有了明显的进步。十多年来,共有1000多名学生受过马老师的课外辅导。不论是在学校,还是在他家里,只要有孩子向他请教问题,不论多忙,马方才总是放下手中的活帮助这些孩子。

在铜陵县太平老观小学校长罗桂兰的眼中,马方才是个值得尊敬的好老师。由于该校地处农村,学生们英语基础普遍不牢,为此,马方才不仅参加了学校家教服务组,还主动辅导一些父母不在身边的成绩较差的孩子。"他为孩子们付出了太多,值得大家尊敬。"罗校长说。

铜陵县西联乡太平村里一栋普通的房子就是马方才的家。在那儿,只有很普通的几件家具摆设,很显然其家中并不富裕。但长年来,马方才总是坚持义务地给周边孩子们辅导英语,即使有家长要"交学费",马方才也总是摆摆手,怎么也不肯收下。

几年前,村里一名叫韦刚的同学由于初中一二年级没上过英语课,英语基础相当薄弱。刚上初三年级的他根本无法跟上其他同学的课堂节奏。面对即将来临的中考,韦刚和他的父母如热锅上的蚂蚁。

马方才得知情况后,主动找到韦刚,帮助他辅导英语,从音标到单词,从组句到作文,那一年的寒、暑假,马方才仔细耐心地给韦刚上好每节课。韦刚的英语成绩后来扶摇直上,中考竟考出了90多分的好成绩。

拿到中考成绩后，韦刚第一时间将这个喜讯告诉了马方才，他的父母亲也特意带上烟、酒等礼品来到马方才家中，向马老师表达自己的感激之情。马方才硬是给退了回去。他说，这个成绩是孩子自己努力得来的。

多年来，马方才坚持和孩子们打成一片，时时把孩子们放在心里，经常为孩子们课外辅导，并随时回答孩子们的各种问题。太平老观小学的孩子们对他格外亲切。在孩子们幼小的心中，马方才是一位深受爱戴的好老师、好爷爷。

一位舍己救人的老英雄

每每想起几年前的水中遇险的情景，铜陵县西联乡的查金刚、查杰堂兄弟俩至今仍是惊恐不已。每每忆起那次遇险的经历，两个人的心中，更是增添了一份对救命恩人马方才老师的崇敬之情。

2008年一个夏天的午后，放假在家的马方才老师正在休息。突然他隐约听到一个妇女在大声呼喊：救命啊！马老师飞快地跑到附近的河道边，河道中有个孩子正慢慢地向水下沉去。

老观村江边的这处河道水面宽50米左右，水深达5米。孩子真要沉下去了，肯定凶多吉少。马方才连衣服也来不及脱，奋身一跃，跳进河中。当他游到孩子身边时，只能依稀看到孩子一点点的黑头发在水中晃动。眼看着悲剧就要发生，千钧一发之际，一个坚定的信念在马老师脑海呈现：拼死也要把孩子救上来！

马方才深深吸了一口气，猛地扎进深水中，他双脚踩水，竭尽全力把孩子往上托。突然，马方才惊讶地发现，水底下竟然还有一个大孩子。原来这个刚被托起的小孩是坐在大孩子肩上的。水中那个大孩子的双手紧紧地抓住小孩子的双臂，难以分开。马老师使尽全身力气托起大孩子的身体。经过几分钟的水中挣扎与拼搏，两个孩子都被托出了水面。马方才艰难地用双脚踩水，托着孩子们缓缓游到了岸边。

由于在水下呛水时间很长,两个孩子被托到岸边时,已经奄奄一息不省人事了,孩子的母亲惊慌万分,放声大哭起来。这时,一些现场围观群众赶紧喊来了卫生所的医生,几十分钟以后,在医生的全力营救下,两个孩子终于慢慢睁开眼睛。现场围观群众为马老师的义举热烈鼓掌。

原来,这俩孩子是堂兄弟,哥哥叫查金刚,弟弟叫查杰。当天下午,他俩带着救生圈,在老观村江边的河道内学游泳。大孩子在这儿已经学习好几次了,觉得有点会游泳了,于是就将救生圈取下,同时为了显示自己的本领,他特意带着弟弟往对岸游。

没想到,两人游到水中间时,大孩子双腿乏力划不动了,随即整个人身体迅速往水底沉下去,弟弟也随着往下沉,所幸被前来寻找小孩子的母亲发现,马老师全力营救,才未酿成惨剧。

第二天早上,马老师由于体力消耗过大,发着高烧躺在床上。被救的两个孩子父母提着烟酒鸡蛋,拿着酬金来到他家表示感谢。马老师一再拒绝:"这算不了什么,谁遇到这种事都会这样做的,请你们把东西带回去!"

两个孩子的父母呆站在那儿,拎着礼品,什么话也说不出来。他们紧紧握住马方才老师的手,不停地向马老师表示感谢。村子里的村民看到这一幕,都感动不已。

几年前,太平村有一个患小儿麻痹症的王衍芬姑娘,洗拖把时不慎落入深水塘中。当时,几个村民看见了都不愿下水。看着那个姑娘在水中大声呼喊的情景,马老师来不及多想,立即跳到水中,冒着生命危险把残疾姑娘救了回来。

在身材高大魁梧的王衍芬姑娘面前,马方才只能算一个身体弱小的老者。事后,许多人都为他捏了一把汗,更有人则表示不理解。

面对众人甚至家人的不理解,马老师没有表现出一丁点的后悔,他始终觉得这是他应该做的。马方才说:"每个人的生命都是平等的,

残疾人更应得到社会的特别关爱。人的身体有健康与残疾之分,但人的生命都是一样宝贵的。"

一位孝老爱亲的老楷模

几年前,在太平村,提起马方才那个特殊的家庭,许多人都会直摇头。但一提到马方才多年来对岳父母的悉心关照,许多人情不自禁地伸出大拇指说:"他真不容易!"

当时,那是一个非常特殊的家庭——上有年近八旬患脑血栓和气管炎多年的老岳母,以及体弱多病生活不能自理的老岳父;下有尚未成年的女儿,而妻子整日忙于田地农活,无法照料孩子。

马方才是这个家庭的顶梁柱。他看着妻子的身体一天天消瘦,无止境的烦恼让妻子整天愁眉不展,心里十分难过。除了做好教学工作外,他还会主动帮助妻子分担各种家务活。尽管事务繁杂,但他从来没有因为工作忙和家务事情多而疏于照顾两位老人。

有时,劳累不堪的妻子,也埋怨他不拿主张,为什么不把两位老人送到大姐家去,姐妹俩一家养一个老人才算公平吧?此时,马方才总是耐心地劝说妻子,孩子一天天会大的,日子一天天会好的,就是因为老人家生活不能自理,大姐才不敢接过去。

马方才说,自己是一名教师,两位老人又是妻子的亲生父母,"我既然来你家做女婿,我们不照料他们,那还有谁肯接受这份差事呢?假若你老了,也是这种情况,不也希望有人来照料吗?"

经过马方才的劝说,妻子的心软了,打消了将老人送到大姐家的念头。从此,马方才夫妇自觉地担当起赡养两位年迈多病的老人的重担。马方才起得更早了,为老人和孩子端饭递水,洗脸洗脚,特别是还要为老岳父接屎接尿。因为白天要忙于学校工作和家务事,马方才就利用晚上休息时间备课学习,帮妻子收拾农活和家务……

2002年冬天,老岳母痴呆症犯了,气管炎病又发作了,饮食起居也

不能自理，马方才更加精心照料。一天晚上，岳母吃药后反应不适，呕吐了一阵，还不断地呻吟着。为了不让妻子知道后烦恼，马方才想着尽快将呕吐物清理干净，可一时又想不到好的办法。对着难看的地面、难闻的气味，最后他只得屏着呼吸，用抹布一点一点地擦拭，老岳父激动地说："都怪我们不死，苦了你。"他一边安慰岳父岳母好好休息，一边又帮老人重新喂药……

为了照顾好老人，马方才总是处处想得周到，平时生活再苦再累他也毫无怨言。马方才用自己美好的心灵、温暖的微笑支撑起了一个关系错综复杂的五口之家。2003年春，84岁的老岳母面带微笑离开了人世。乡亲们夸马老师不仅是个好女婿，更是一位好儿子。

一位敬业奉献的"中国好人"

在学校，他是一位深受孩子们喜欢、爱戴的好老师；在村民们心中，他又是一位舍己为人、不图回报的好邻居；在亲人眼中他是一位孝老爱亲的好模范。多年来，马方才用自己的一言一行，实践着一名教育工作者的优秀品德。

工作中的马方才为人师表，凡要求孩子做到的地方，自己都会首先做到。他特别注意生活中每一个细节，注重培养孩子尊敬长辈、孝敬老人的品德。每次用餐前，他都要求孩子请老人先吃，自己后吃；老人洗脚，孩子也学会了搬来小凳子、找来拖鞋；上学进出门时，他要求孩子和大人一样要有礼貌地向邻居热情地打招呼……

虽然他的家庭条件不好，但以前每逢家中老人过生日，他都不忘买一块蛋糕，一边领着孩子唱"生日快乐"歌，一面亲手切一块放到老人手中。身体瘫痪却神志清醒的岳父也诧异道："你没有忘记我的生日，怎么总是忘记你自己的生日呀？"此时马方才总是微微一笑："爸爸你辛苦一辈子，我们应该记住你的生日！"

在马方才的言传身教下，孝敬长辈的种子在孩子幼小的心灵中深

深地扎了根。马方才的家庭总是其乐融融,充满着欢声笑语,左邻右舍总是投来羡慕的目光,此时的马方才只是微微一笑。

左邻右舍眼中的马方才还是个热心肠的人。谁家电不通了,灯不亮了,他们总爱找马老师帮忙;谁家孩子要辅导功课了,谁家孩子作业不会做了,他们总是毫不犹豫地找到马方才;就连亲朋好友家中的红白喜事缺少帮手时,人们也总会想到找马老师。

2012年5月3日下午,铜陵市举行"铜陵好人"马方才命名表彰大会。6月1日,"中国好人"评选活动结果公布,马方才成功当选为5月份敬业奉献类"中国好人"。

"能得到这些荣誉让我有些意外,这些年来我做这些只是做了我应该做的。"马方才谦虚地说,每个人都是这个社会的一分子,每个人都必须要承担起自己的社会责任,不但要尽责,还要勇于担责,如果每个人都能约束好自己、做好自己,这个社会一定会更加和谐美好。

再过几年,马方才老师就要退休了。马方才常说,只要社会需要我,我愿意继续凭一己之力,为社会多做些事。

(朱春友　撰稿)

见义勇为
JIANYI YONGWEI

总有一种感动让我们泪流满面——面对危难,面对邪恶,他们高举着正义的大旗,不顾个人安危,挺身而出,仗义救人。他们感动了我们,也感动了全中国。让我们为那些见义勇为的英雄们喝彩,向他们学习、致敬。

金　晶：以身护圣火

当伦敦奥运会的圣火熊熊燃起的时候，金晶一定会想起四年前的那一天。

2008年4月7日，北京奥运圣火在巴黎传递时，遭到"藏独"分子的猛烈冲击。当几名"藏独"分子试图从金晶手中抢走火炬、干扰圣火传递时，坐在

金晶誓死捍卫奥运圣火

轮椅上的金晶毫不畏惧，死死环抱火炬。她被威胁、被殴打，但她手中的火炬始终没有被抢走。

一位残疾姑娘，用她那残弱的身躯捍卫着圣火，以不屈的尊严诠释着奥运精神。她的微笑，她那流露出的骄傲神情，与"藏独"分子狰狞的面孔一起，传遍了世界，触动了所有人的心弦。她被网友称为"2008年最美丽的女孩"，被誉为"最美火炬手"，感动了整个中国。

让火炬承载奥运梦想

成为火炬手之前，金晶正在为渐渐远去的奥运梦想失落不已。那时，她是一位残疾击剑运动员，凭着坚强的意志和刻苦的训练，拿到了世界轮椅击剑锦标赛铜牌等多枚奖牌。可是，两次与残奥会擦肩而过，让金晶很难过——何时才能实现自己的奥运梦想呢？

北京奥运会"联想奥运火炬手选拔比赛",唤起了金晶沉睡的奥运梦。金晶回忆说,那段时间,已经是半退役的状态了,"不能参加奥运会,对我打击很大,情绪很低落"。这时,朋友告诉她联想正在选拔火炬手,"我以前从没想过,但觉得可以试一试,如果选上了,至少跟奥运更接近了"。

金晶心里其实没抱太大希望:"全国那么多人参加,我算什么呀。"也许正是因为轻装上阵,金晶发挥得很好。选拔赛上,她一路过关斩将。在南京赛区决赛中,坐在轮椅上的金晶,还与舞伴跳起了交谊舞,令人大开眼界。面对评委的提问,她丝毫不掩饰身体的残疾:"面对命运的好坏,关键是哭还是笑。只要心里有阳光,眼里看到的就都是温暖!这就是微笑的力量。"她以自己的美丽和开朗,赢得了观众的认可,高票当选奥运火炬手。

而在随后举行的联想境外火炬手选拔中,金晶再次淋漓尽致地展示了自己的乐观和自信以及对奥运的执著,感染了赛场内外的每一个人。评审团代表魏纪中先生评论说:"西方人讲:上帝关上一扇门,就会打开另一扇门。快乐是给自己的最好礼物。"

这位快乐自信的残疾姑娘,终于获得了到巴黎传递圣火的机会。她说:"能够成为联想奥运火炬手,我非常自豪。这是我实现奥林匹克梦想的最好机会。"在金晶的记忆里,拳王阿里在亚特兰大奥运会开幕式上,用颤抖的双手点燃主火炬,是印象最深刻的火炬时刻,"那是奥运精神的体现"。

金晶说,当选奥运火炬手之后,她多次梦到火炬传递的场景。"有时候晚上,我听着音乐,眼前就浮现出在圣火传递的路线上,两旁都站着很多人,用各种各样表情为你欢呼。"但金晶没有想到,圣火传递的路上,不仅有欢呼,更有艰险,而她将以一种前所未有的方式,去诠释奥运的伟大精神。

"最美火炬手"守护祥云

巴黎时间 2008 年 4 月 7 日中午 12 点 30 分,北京时间 4 月 7 日下午 18 时 30 分,北京奥运火炬环球传递的第五站活动,在巴黎埃菲尔铁塔下正式开始。美丽的城市、欢呼的人群、熊熊燃烧的火炬……谁也没有想到,一股暗流正在悄悄涌动。

这时,金晶正坐在轮椅上,按捺不住兴奋的心情,翘首以盼圣火的到来,她是第三棒。刚到集合点的时候,组织者就问她,你是手拿着火炬,还是放在架子上。金晶想都没想,说:"手拿,手拿着踏实。"

火炬终于到了。金晶接过火炬,紧紧握住。凝视着熊熊燃烧的火焰,金晶心中感慨万千。这时情势突然发生变化,不容她多想,现场开始变得混乱。有目击者回忆说,当时,现场警力比较少,三三两两的。一些"藏独"分子从人群中冲了出来。一开始,他们只是试探性地冲击,后来情况越来越严重,"藏独"分子竟然试图抢火炬。

一位现场目击者描述,也许是看到金晶是一位行动不便、身体单薄的残疾人,"藏独"分子们轮番冲向坐在轮椅里的金晶,试图从她手中抢走火炬。情况异常凶险,金晶面临从未有过的考验——如果圣火被抢走,不知道"藏独"分子们会对火炬做出怎样的羞辱。

一种豪情油然而生。金晶面对突如其来的冲击,毫不畏惧,双手紧紧抱住火炬。她说:"三四个人一起来抢,我第一个反应,就是抱住火炬立即弯腰,藏在怀里。""藏独"分子没有想到,这位看似娇弱的女孩,却有这么大的勇气。他们开始朝弯着身子护着火炬的金晶动手了。现场目击者说,一个护跑手女孩被肇事者打伤了,旁边的导游也被打得腿上流血,而疯狂的暴徒还揪着金晶的头发,不断地扯打。金晶的脸被抓伤了,下巴也被抠出了血。一位在场的留学生后来描述:"那位姑娘把后背留给暴徒,暴徒打她,拉她的手,但她就是把火炬死死保护住。"

金晶勇敢护火炬,脸上露出了骄傲的神情

在巴黎午后的塞纳河畔,一位来自东方的女孩,用残弱的身躯捍卫着奥运精神,向全世界展示东方的勇敢和优雅。金晶后来说:"想抢走火炬,那必须从我尸体上爬过去。奥运火炬代表了奥林匹克理想,代表了全人类的美好愿望。火炬在我手里,谁也抢不走。"

最后,暴徒终于被法国警察制服,现场秩序恢复,身上带伤的金晶重新微笑着举起火炬,走上圣火传递的道路。那熊熊的火焰,仿佛比之前燃烧得更为炽烈。火炬在隧道里传递时,火光将周围映照得很美,情绪高昂的金晶像比赛时那样高喊了一声"中国加油"。她的声音和周围观众此起彼伏的"加油"声融合在一起,响彻巴黎,也传到了欧亚大陆的另一端。中国的网友看到金晶的壮举后,将这位合肥女孩称为"2008年最美丽的火炬手"。

在病患中成长的坚强女孩

一夜之间,合肥人多了一位引以为豪的老乡。但很多人并不知道,金晶在合肥的生活,其实是一部与病魔的斗争史。正是在与病魔的斗争中,磨砺出金晶勇敢坚强的个性。

金晶的父亲名叫金建生,是上海知青,来到合肥市肥西县后,与金晶的母亲刘华瑶相爱,成立了家庭。1981年,金晶在合肥出生。金建生和刘华瑶都是工薪阶层,一家三口过着平淡而幸福的日子,但金晶9岁那年,一场灾难降临这个美满的家庭。金晶母亲刘华瑶回忆说,金

晶上小学三年级的时候,右腿突然生了恶性肿瘤,必须进行截肢手术。截肢后还进行了为期一年的化疗。

化疗时,一周一次小剂量,半个月一次大剂量。为了省钱,小剂量化疗就在肥西县进行,大剂量化疗才到市里。"每次坐车到合肥化疗,我们都要抱着一条毯子,拿着一个盆,让金晶一路吐回来。"刘华瑶说:"金晶每次化疗回来后,家里的地板就要擦洗干净,因为痛苦的金晶根本没法在床上呆着,全身痉挛的她只得在地板上滚来滚去,一边喝水一边吐。"看着缩成一团的女儿,刘华瑶只能悄悄抹泪。

刘华瑶说,很多成年人都难以坚持一年的化疗,金晶挺过来了,而且变得很坚强。奇迹般地恢复后,金晶又回学校读书了,但从此只能拄拐而行。爸爸妈妈舍不得孩子,全程接送,风雨无阻。但金晶却不想坦然地接受这样的待遇。一年后,她坚持自己上学。爸爸妈妈当然不同意,说:"你和其他孩子不一样,走路不方便,还是我们接送吧。"但执拗的金晶就是不肯,爸爸妈妈只好顺着她。从此以后,金晶就一个人上学放学了,哪怕大雪天也不例外。

同学和老师都被金晶的坚强感动了。一位同学回忆说,回到学校后,金晶还开始学着一只脚跳着打乒乓球、羽毛球,即使残肢的骨头撞碎也一声不吭。"那时候她还是个小孩,但已经表现出如此的勇敢,乐于接受挑战。"而母亲刘华瑶回忆起金晶的那段岁月时,也不由感叹,那时的磨难锻炼了孩子坚毅的性格。

"轮椅剑客"的喜与悲

1995年,读完初中的金晶,随父亲来到上海,在一所中专学习计算机。毕业以后,金晶进入了一家酒店工作。大约2001年的时候,她的命运出现了转机。

那是一次残疾人演讲比赛后,上海残疾人体育训练中心的一位教练找到金晶,问她愿不愿意加入轮椅击剑队。喜欢《佐罗》的金晶立即

答应了,她也很想当一名运动员,但父母看着金晶残缺的身体,有些犹豫。刘华瑶说:"金晶从小就受了很多苦,当运动员训练又那么辛苦,做父母的实在不忍心让孩子再去吃苦。"但是,平时就很喜欢体育运动的金晶决心很大,父母也不好阻拦。

2001年7月13日,就在北京申奥成功的这天,金晶参加了上海轮椅击剑队,成为一名轮椅击剑队员。她与奥运的缘分,也就此开启。但那时,谁也不会想到她能成为"最美火炬手"。在母亲刘华瑶的回忆里,运动员金晶很苦很累,"她训练很刻苦,每次回家都带着青一块紫一块的伤"。

一分耕耘,一分收获。2002年7月,第一次参加波兰华沙的世界杯比赛,金晶就取得重剑个人第八的好成绩。10月,在韩国釜山"远南运动会"上,金晶获得重剑个人第二,花剑重剑团体第三。2003年11月,在新西兰的世界轮椅击剑锦标赛上,金晶拿到了重剑个人的铜牌。

可是,2004年的雅典残奥会,金晶和她的队友们都错过了机会。那是她心里最痛苦的时候。要知道,奥运会是每个运动员的毕生梦想,金晶为了这个梦想,付出了很多。当时,她一边训练,一边在单位上班。但由于备战奥运,训练频率加大,影响了工作。一边是工作,一边是梦想,怎么办,金晶做出了艰难的选择,离开单位,专注奥运。可是,即便付出如此的代价,她还是没能走上奥运的赛场。落选后,金晶在家里消沉了两个月。但金晶毕竟是金晶,后来,当听到男队员们在奥运会拿了团体金牌时,她立即就释然了,像自己夺冠一样高兴。

2008年北京残奥会选拔赛,金晶又因为状态不好而失利。幸运的是,她最后成为一位火炬手,并在奥运的世界里,体验了其他运动员没有的经历。

曾拄着拐杖制止小偷

人们常说,性格决定命运。金晶的故事,生动地诠释了这一古老

的箴言。但凡与金晶接触过的人,都会被这位拄着拐杖的残疾女孩的生命活力所感染,她的心火,燃烧得比正常人都旺。

笔者在茶社采访金晶时,她一边回答着问题,一边手也不歇着,将桌上混杂在一块的围棋棋子,分成黑白两块,装进各自盒内。和大姨一起进出医院时,金晶虽然拄着拐杖,但每次都是一蹦一跳抢在大姨前面,将门口的帘子掀起来,方便大姨通过。外出时,即使有车子,金晶也不喜欢坐,她更愿意自己走路。

这样的细节,很难让人将其与一位残疾姑娘联系在一起。金晶喜欢上网,她的网名总与"灵"有关。"灵"是她求学时与同学创办漫画社时给自己取的名字,金晶喜欢这个字。在上海话里,"灵"表示好的意思,但在金晶的心里,"灵"表示有灵气的意思,她希望自己是个有灵气的人。

与浑身上下散发着的灵气和活力相比,藏在金晶内心深处的,是像佐罗一样的侠义精神。金晶说,她最佩服的人就是佐罗:一方面佐罗和她一样,都是"剑客";另一方面,她喜欢看佐罗周游世界行侠仗义的故事。她希望自己也像佐罗一样。

而她确实也表现出佐罗的侠客精神。母亲刘华瑶听到女儿在巴黎的英雄之举后,曾向笔者表示"并不意外"。她说,金晶从小就很有正义感,像男孩子一样爱打抱不平。有一次,金晶在公交车上看到小偷偷别人皮夹,周围人不说话,她自己却拄着拐杖走到小偷面前,拿起手机拍照,直到小偷灰溜溜地下车。

日常生活中,金晶也常常成为愤怒青年。在合肥探访一位白血病患者时,金晶听说只有先付医疗费才能做移植手术,一度非常激动:"制度是死的,人是活的啊,总得先救人!"

精彩人生还在继续

因为正直,因为正义,因为疾恶如仇,因为打抱不平……金晶还在

继续她的精彩。

2008年4月22日,金晶在博客上写了"气愤"两个大字。她气愤的原因是一家重庆媒体拿她炒作,在她不知情的情况下,拿她签名的物品搞起了义卖。她说:"我本来是和联想去搞一个公益活动,他们那么弄好像我从事商业活动赚钱一样。"

在"抵制家乐福"事件中,金晶也没有人云亦云,迎合网民情绪。她在网上公开宣布自己不支持抵制家乐福,结果遭来许多人的指责甚至谩骂。她公开指责一些人对留学生的评价不公平,也引起了一阵风波。

汶川大地震发生后,金晶投入到抗震救灾中,专门去看望了四川灾区伤员,鼓励他们用坚强面对伤痛。

听说安徽女孩王璐瑶患上白血病,金晶还专门制作了一个视频,用自己的故事,激励璐瑶勇敢面对疾病。随后,当她来合肥探亲时,又第一时间到医院探望王璐瑶,给这位深受白血病折磨的女孩,带去一丝安慰和鼓励。

……

这就是金晶,在人生的道路上,她还将继续"灵"下去。就像她自己说的:"9岁那一年,上帝把我的右腿拿走了,我要告诉他,即使这样,我也能走完全程。"

她不仅要走完全程,还要走得精彩。

(项 磊 撰稿)

胡文传：舍子救人，传递爱心

胡文传，安徽省合肥市长丰县岗集镇大窑村一名普通的农民，一个平凡的不能再平凡的人，只有小学五年级文化，内向不爱说话……

但是，就是这样一个普通农民，在面对一次次打击时，从没忘记过给予，给予别人生命，给予别人光明……

2002年，包括胡文传儿子在内的5名孩子一同落水。胡文传跳进水中，从死神手中抢回了4名儿童的生命，却与同时落水的亲生儿子抱憾诀别。5年后，幼女夭折，胡文传又主动捐献女儿的眼角膜，让两名失明患者重见光明，被称为"大义父亲"。

胡文传在捐献眼角膜仪式上签字

之后的日子里，胡文传主动申请加入眼角膜捐献劝导志愿者队伍，成为一位名副其实的"光明使者"。在他的宣传和带动下，已经有几十人签下了眼角膜捐献协议书。

如今，再看一眼这个被提名全国道德模范的人，你不得不去感叹，做一个像胡文传那样的好人真的很难。因为在被剥夺时还不忘给予，需要怎样的勇气与决心？

独子落水,大义父亲舍子救人

2002年之前,和乡亲们一样,胡文传的理想就是养育可爱的孩子,做个平凡而快乐的父亲。然而,当年6月发生的一件事,彻底颠覆了他的"小幸福"。

6月8日傍晚,胡文传做完工回家,带着儿子胡凯明去附近的河里抓螃蟹和虾。满载归来后,胡文传看到儿子头上沾满了泥,就让儿子去村里的大水塘洗洗。

"看到水塘那边有人的时候再洗,别一个人去,不安全。"胡文传特意叮嘱了儿子两句。可没想到,儿子离开不一会儿,正在洗螃蟹的胡文传就听到有人喊:"不好了,快来人,有孩子掉到塘里了!"

胡文传一个激灵,飞奔出去……

孩子们落水的水塘,水深4米。赶到岸边时,胡文传清楚地看到5个小脑袋在塘中间上下窜动,而最远处就是自己的儿子凯明。

看到这一幕,救子心切的胡文传急得连衣服也没脱,就不顾一切地跳入塘中,奋力向儿子落水的地方游去。

一入水,靠近胡文传的几个孩子,就像抓住救命稻草一样紧紧揪住胡文传。虽然他水性不错,可是被4个孩子紧紧抓着,胡文传也力不从心。

"爸爸,救我!"忽然,胡文传听到儿子的喊声。

听着儿子的呼唤,胡文传心都碎了。虽然与儿子相距咫尺,可他不忍心将抓着自己的孩子甩开,只能向儿子大喊"坚持一会,爸爸马上就来",然后拼尽全身力气,游到岸边,把4个孩子全部送上岸。

来不及休息,胡文传又赶紧折回去救儿子。而此时,茫茫水面上已经没有了儿子的身影,在水里寻找许久,胡文传也没有发现儿子,筋疲力尽的他,只好伤心欲绝地上岸。

上岸后,发现刚被救上岸来的一个小男孩一直没有动静,不容多

想,胡文传马上给男孩做人工呼吸。

"不是我忘了儿子还在水里,当时情况紧急,我怕错过时机,这孩子救不回来了。"事后,胡文传说。

直到晚上10点多,村民和民警合力才将胡文传的儿子捞上岸,此时孩子的心脏已经停止了跳动。

看到儿子的两只小手紧紧攥着两团泥巴,胡文传的妻子李翠花一下子瘫倒在塘边。而胡文传则抱着孩子的尸体失声痛哭:"儿子,爸爸对不起你,我本来可以救你,原谅爸爸吧。"

救起了4个孩子,偏偏没有把凯明救上来,胡文传始终对儿子充满了愧疚,可是他没有后悔,只能把对儿子的愧疚深埋心底。当时是不是应该先救儿子?他曾无数次地回想过这个问题,答案却都是一样的:"哪个孩子都是一条命啊,我怎么能把其他孩子推开呢?"

胡文传的义举在合肥引起了很大反响,合肥市见义勇为基金会授予胡文传见义勇为一等奖,合肥市委政法委还破例把2002年度全市见义勇为表彰大会会场设在胡文传所在的乡,社会各界也对贫寒的英雄之家进行了捐款。

如今,在胡文传老家的桌子上,显眼的位置摆着一张黑白照片,那是儿子凯明。从老房子到新房子,那张照片一直摆在最显眼的位置。简单的木质相框上写满了字,那是胡文传对儿子不尽的思念:"生存者不是幸存者,爸爸的生存是和你紧紧联系一起的,孩子,你永远生存在我的心间!安息吧。"

女儿病危,父亲捐出女儿眼角膜

2003年9月11日,胡文传的二女儿出生了,风雨飘摇的胡家迎来了久违的阳光与笑声。因为孩子生在中秋节前后,胡文传给女儿起了个极富诗意的名字,叫"古秋月"。

秋月的出生给胡文传夫妇很大的安慰,但在她慢慢长大后,李翠

花经常有意无意喊秋月为"凯明"。

每当小秋月蹦蹦跳跳地跑过来问他们在喊谁时,夫妻俩就忍不住掩面哭泣。为了弥补妻子心中的缺憾,胡文传决定再养一个孩子。

2007年1月,胡文传的小女儿出生。胡文传让小女儿跟妻子姓李,取名"明娜"。然而,谁也没有想到,幸福的日子刚刚开始,厄运竟然再一次降临到胡文传家。

小明娜出生两个星期后,忽然出现呼吸急促的症状,经医院检查患有严重先天性心脏病,随时会有生命危险。

经过会诊,要治明娜的病,只能做手术,但是婴儿未满3个月,手术成功率很低。2007年2月,医院再次下达病危通知,小明娜病情严重,随时都有可能死亡。

春节前,护士将明娜从婴儿培养箱抱出来交给胡文传,小明娜在父亲的怀里开心地笑了。

看着女儿笑得那么甜,胡文传的心却如刀割般痛。想到可爱的女儿也许就要去了,胡文传泪流满面。

这时候,胡文传突然想起曾听人说过,眼角膜可以捐献,让失明患者重见光明。淳朴善良的他悄悄决定:如果女儿有什么不测,就让女儿的眼角膜给别人带来光明。

几年前已经失去了儿子,现在还要把女儿的眼角膜捐献出去,胡文传不知道该如何向妻子开口,更不知道怎么解释,妻子才会同意。但最终,妻子还是同意了他的想法。

2007年2月16日,除夕前一天,女儿还挣扎在生死线上,胡文传在捐献志愿书上签了女儿李明娜和自己的名字,愿意无偿将女儿的眼角膜捐赠。这也是眼库接受的年龄最小的捐献者。

在大家的爱心帮助下,小明娜最终接受了心脏手术,尽管手术很顺利,但因为年龄太小身体太弱,最终还是走完了47天的短暂生命历程。

女儿去世后,胡文传立即通知了眼科医院医生,当天夜里,根据捐赠协议,医生将小明娜清澈的眼角膜取下。

2007年3月12日晚上,小明娜的眼角膜移植给了滁州的朱良喜和宿州的小伙小张,两例手术都非常成功,两位患者也因此得以重见光明。

两位患者延续着小明娜的生命,再次见证了胡文传的大义。

"我以为再也没希望看到这个世界。就在我绝望之际,小明娜的眼角膜拯救了我,感谢这么无私的父母,我会一辈子记住他们。"安徽滁州患者朱良喜得知这一切后,感动得流下了泪水。

为了患者,他成为捐献志愿者

两次承受巨大的痛苦与不幸,却能心系他人,胡文传的"大仁大义",感动了无数人,他经常接到来自全国各地甚至海外的电话,向他表示敬意。

再次痛失亲人的胡文传,平静下来后,想到小女儿的眼角膜为别人带去了光明,更加坚定了自己继续大义之举的心。

2009年8月21日,胡文传在器官捐献志愿书上签下自己的名字,他要用自己的实际行动带动其他人,同时他还加入眼角膜捐献劝导志愿者队伍,成为合肥市一家医院的眼角膜捐献劝导员。"我文化不够,要先了解,弄懂了才能做好这件事。"胡文传只有小学文化,自从做了劝捐员之后,他开始主动学习有关眼角膜捐献的相关知识。

渐渐的,胡文传了解到,我国目前共有超过900万人患有视力障碍,而在400万白内障失明者中,因角膜病致盲的不在少数。角膜移植手术是治疗角膜病致盲的最有效手段,也是各种器官移植手术中成功率最高的一种。但由于角膜供体来源受到很大限制,很多人都错过了最佳治疗时机,甚至永远失去光明。而与此同时,全国每年还新增眼角膜病患者近30万人,只有1%左右的人有机会获得眼角膜移植。

在充分了解眼角膜捐献的相关知识后,胡文传正式开始了自己的劝捐工作。每当听到有人要捐献自己的眼角膜,胡文传就第一时间赶到医院探望。他用自己的亲身经历,告诉身边的人,捐献眼角膜,很多人都可以做得到,关键是大家要破除一些"旧思想"。

但是,这份工作并不是太好做。很多志愿者本人有意向捐献角膜,但因为亲人的反对,最终放弃捐献。而这也正是胡文传做劝捐员的意义所在,他不仅要向志愿者本人劝捐,还要向他们的家人劝捐,用自己的亲身经历与想法,让他们真正理解捐献角膜的意义,同时体会亲人继续留在人间的感受。

让胡文传欣慰的是,看过他的事迹后,有很多人主动打电话到不同机构咨询捐献眼角膜事宜。也正是因为自己的两次义举,和其他劝捐员相比,胡文传成为更有公信力的人,很多有捐献念头的人都更加信任他。

阜阳市一位 60 多岁的老太太想捐眼角膜,但一直不敢让家人知道,了解到胡文传的事迹后,她主动从阜阳赶到合肥,找到胡文传。让胡文传当自己的担保人,签订了捐献眼角膜的协议。

一位眼科医生说,如果眼角膜患者受到严重感染,将会导致眼球摘除,如果不及时摘除眼球,迅速扩张的病菌将侵蚀大脑,危及生命。对于大多数患者而言,等待移植眼角膜的意义,不仅仅是恢复视力,最大的帮助是保住病人的眼球。

经过长期的努力,目前,胡文传已经成功劝捐了上千例,很多患者因此不仅保住了眼球,更为重要的是,他们还因此重见光明。

也是因此,"大义父亲"胡文传渐渐有了一个新的称谓——光明使者。

想成立慈善组织,帮助更多的人

其实,除了作为"光明使者",胡文传还不停地为各种各样困难的人群奔走努力。

因为自己的长期付出，2002年，胡文传当选为"合肥十大新闻人物"；2004年被评为安徽省见义勇为一等奖；2009年，荣获全国道德模范提名和首届安徽省道德模范荣誉称号；2011年，当选第三届全国见义勇为道德模范。

最近几年，胡文传每年有一两个月的时间在全省各地义务巡讲，多的时候，一天两三场，还有各种各样公益活动的邀请。

在媒体的报道下，胡文传的事迹被广泛传播，来找胡文传帮忙的人，

如今，胡文传还在为困难人群奔走

也越来越多，特别是那些身患重病者，总是通过各种途径找到他。

对于求助，即便自己再忙，胡文传总是来者不拒，毫不吝惜自己的力气，尽最大努力去多方联系，给求助者帮助，甚至不惜自己掏钱给予帮助。

"虽然很辛苦，但是被评为道德模范之后，我就有这个义务，去用我的力量改变、感染更多人。对我来说，能付出一点，帮到别人，也是快乐的。"胡文传说。

在微博上，总有一些深陷困境的患者，向胡文传求助。面对不断传来的求助信息，胡文传渐渐感到了个人力量的不足，他深深体会到，必须要有更多的人和他一起努力，人人都献出一份爱，困难才能更加容易解决。

2011年7月1日,胡文传把工作辞了。此时,一个想法在他的脑海中浮现,那就是成立一个慈善基金,通过基金会的运作,来帮助他人,让救助变得更有效率。同时,他还想创办一个慈善组织,让这个慈善组织成为眼角膜等器官的捐献、使用平台,让更多人因此受益。

即便是一直坚守在公益事业第一线,即便是全国道德模范,但这个想法,对于一位农民,多少显得有些大胆和不切实际。但胡文传不这么认为,他说:"我有这样的设想,不是一天两天了,也知道自己肯定会遇到很多困难,但自己一定会坚持,努力实现这个想法。"

需要多少资金?捐献者怎么捐?我们怎么接受?最近一段时间,胡文传一直都在思考这些问题。

对于胡文传来说,人生不公平,也挺辛苦,但他却很乐观积极。胡文传说:"每个人都有义务用自己的力量给社会作贡献。"对他来说,能付出一点,帮到别人,是快乐的。

(向　前　撰稿)

姚延顺：救人，成了"家常饭"

站在肥东撮镇大桥的桥头上，体重不足 100 斤的姚延顺，25 年来，进行了 30 多次的义务救助，挽救了 100 多人的生命，他是名符其实的"桥头守护神"。义务救人已成为他的习惯，他的救人装备也越来越齐全，救生衣、救生圈、绳子、灭火器……

桥头守护神

在桥头，姚延顺开了一家饭店，做一些家常的饭菜，招揽客人，而姚延顺经常做的"家常饭"却是救人。

下水救人成了"家常饭"

2012 年，51 岁的姚延顺给人的第一感觉是憨憨的，挂着笑容，身体有些瘦弱，但精神十足。

姚延顺的家就住在肥东县撮镇大桥的桥头。撮镇大桥自建成以来，每天车流如潮。由于车多，这里成了交通事故的多发地带，加之信息闭塞，交通事故中伤员因得不到及时救治而导致死亡率较高。

自从 1987 年以后，这种情况开始改变。

这一年，个体经营者姚延顺夫妇在撮镇大桥的桥东头开了一家桥

头饭店。随后开始了救人之举。姚延顺第一次救人是1987年的一天晚上。当晚,江苏省高邮市一位司机一行3人拉了一车货物途经撮镇大桥,由于疏忽,车子撞断了桥上的护栏掉进了河里,3人大喊"救命"。听到呼救声,姚延顺和妻子邓士秀以及岳父赶到河边,共同把落水的3个人拖上岸,并打120将他们送往医院。当天晚上,由于救人心切,姚延顺不小心撞到了车厢的边角,头被撞破。

第一次救人,留给姚延顺的是颅骨上至今没有完全闭合的伤痕。然而这一切只是救人的开始,随后一幕幕"救人行动"在这里上演。

当年秋天,黄山市歙县木器厂的一辆大货车撞断撮镇大桥护栏,霎时车身悬于桥边,正在酒店经营的姚延顺闻声冲出饭店,迅速将受伤的驾驶员从驾驶室救出,并把他送至医院诊治,后又接回家中免费提供食住,直至交警队将此事故处理完毕。后来驾驶员及其单位来人带着丰厚的礼品,专程赶来感谢姚延顺,却被他婉言谢绝了。

1990年,寿县农机公司的一辆货车,在桥头出了车祸,姚延顺见状,立即将受伤的驾驶员送往2公里外的医院救治,并像护理自己的亲人一样,送吃送喝,不收分文。事后,深受感动的该公司党委领导亲自登门致谢。

1997年8月25日,一辆客车行至撮镇大桥时,不知是何缘故,突然像失控的野马,撞断护桥栏,一头栽在河里的一条船上。当时,客车里28名乘客,全部落入水中,"危急时刻见真情",姚延顺第一反应是立即报警,并率先下水,爱人拖来一根粗绳帮姚延顺营救落水的乘客。由于抢救及时,落水乘客无一人死亡。

不分昼夜,守护在桥头

姚延顺的桥头饭店共有6个包厢,他家就在饭店的后面。2003年的一个晚上,一位中学生下晚自习回家时,在撮镇大桥桥头被一辆汽车撞伤了。姚延顺听到求救声后从家里跑出来时,肇事车已经逃逸。

"他一直在喊救命,但是我直到最后才听到。"姚延顺说。

自那以后,为了及时知晓桥头是否发生车祸,也为了能够及时救人,姚延顺和妻子商量后,把饭店一个紧挨马路的包厢改造成了卧室。从此,桥上再发生车祸,姚延顺就能第一时间了解情况。

2004年的一天,一辆大货车在撮镇大桥上撞了一名中学生,驾驶员加大油门企图逃逸。姚延顺见状立即冲出去将其拦住,并打电话通知交警,让肇事者受到了应有的处罚。

由于撮镇大桥是车祸多发地,为了给广大司机一个提醒,交管部门在临近桥头处设置了一个灯光交通警示牌。2006年10月的一个夜晚,姚延顺打开卧室的窗户,发现一个男子正在将铁制的警示牌盗走。他立即跑出饭店,骑上电动自行车猛追,最终将窃贼抓住,夺回了警示牌。姚延顺说,这个警示牌很重要,许多夜间车辆由于不知道前面是大桥,所以依旧不降速行驶,只有这个警示牌起到了提醒的作用,可以减少撮镇大桥夜间交通事故的发生。

"每次大桥发生车祸,姚延顺都是第一个冲向前去,从未考虑过自己的安危。我们一家三口的命就是姚延顺救回来的。"今年66岁的徐邦年说。2007年3月2日晚上8时许,他们一家三口及汪良华夫妇共5人一起开车回来,车子撞断了大桥护栏冲下河里。姚延顺听到响声后,一边让儿子赶紧报警,一边向出事地点跑去。当时,车头已经严重变形,姚延顺在河中用力扯开车门,把5人从车内拖出。之后,姚延顺与赶来救助的群众把徐邦年等人送到医院抢救,使他们脱离了生命危险。

2008年年初,一场暴风雪使撮镇大桥上结了一层冰。2月4日,在江苏省打工的安徽省金寨县农民方宝贵和家人骑着两辆摩托车回家过年。当天晚上10时许,行驶到合马路撮镇大桥附近时,由于路面冰雪打滑,方宝贵一家6人摔倒在地。此时,一辆大货车从后面疾驶而来,危急关头,姚延顺冒着生命危险冲到了大货车前面,人货车急忙刹车,刹车的大货车在冰面上一路滑行,车子最终停在离姚延顺身体不到一米的地方。一米的生命距离,避免了悲剧的发生。

大货车车主下车后一看情景,连忙感谢姚延顺:"不是你拦着我车,我到跟前才会发现路面上躺着人,那时候一切都来不及了。"事后,姚延顺将惊魂未定的方宝贵一家人带到自己家中,烧菜做饭给他们吃,让方宝贵一家人非常感动。

捡到20万送还失主

2009年3月5日是学雷锋日,这天下午,姚延顺在店里打扫卫生时,意外地发现了一个鼓鼓的皮包,里面足足有20万元现金。然而这巨款并没有让善良的姚延顺动心,他守在店里等候着失主的到来。傍晚时分,一名将近40岁的中年男子开着浙江牌照的轿车来到小饭店。"我有一个包丢了,不知道你们是否看见了?"这名男子焦急地问道。为了确认,姚延顺询问男子包中有什么东西,来人回答:"有20万现金,还有一些票据等。"得到准确的答案后,姚延顺立即将巨款交还给了失主,浙江客人感激万分。

姚延顺和他的撮镇桥头饭店

实际上,经常有顾客将东西落在了小饭店里,而每次,姚延顺总是捡到东西后,原封不动地交还失主。

2009年3月,姚延顺被安徽省文明办评为"全省精神文明十佳",

入选"中国好人"。"每次看到伤者从死亡线上被抢救回来,我就觉得心里非常踏实和高兴。"姚延顺对记者说,"我觉得危难之际救人一命,是我今生最快乐的事。"

不为名誉,只为诚信

然而,喜欢救人、不计得失的姚延顺,有一次却和别人翻了脸,因为在姚延顺救人之后,竟被别人冒功了。对于经常救人的姚延顺来说,他本不在乎名誉,但是他受不了别人撒谎。

话说2009年11月4日早上8时许,姚延顺正关着门打扫房间,突然有人敲他家的门。他一打开门,就有人对他大喊:"老姚,有个小孩跳河去了,你快去救救他。"

姚延顺二话没说直接跑出了门,随后又大声对他隔壁修轮胎的徐永强喊道:"快拿个汽车内胎给我,我要去救人。"当姚延顺来到河边时,已经围了不少人在看,一个少年的头露在水中间。他立即跳到河水里,向少年游过去。

随后,徐永强拿着内胎赶到,扔给了姚延顺。姚延顺一手拉着水中的少年,一手抱着轮胎,一起游上了岸。"那天气温陡降,所以特别冷,我救上这个学生后,他浑身哆嗦,脸上发青,而我也冻得要死。"姚延顺说道。

"老姚救人有经验,所以他下水了,肯定能救上来的。"徐永强对大家说道。被救的少年欧阳某某是撮镇王章村的,欧阳某某的奶奶说:"就是好心的桥头饭店老板(姚延顺)救我孙子的,他真是好人呀!"

然而这样一个对老姚来说再简单不过的事情,却传出了另一个版本:

11月6日,姚延顺正巧坐车到肥东县城,在车上却听到许多乘客在议论:"听说肥东一个民警真勇敢,一个人下水救了一个想自杀的学生。"姚延顺一问才知道这些人说的正是他救人的事情。

原来当地的个别民警为了宣传自己,竟然将这个事情写成"民警跳河救人"发在肥东县公安网上。了解情况后的肥东县公安网随后删除了这则新闻。而肥东警方也批评了个别民警冒功的做法,对姚延顺竖起了大拇指。

"本来救人不值一提,但是别人在传诵一个虚假的好人,我觉得不太好。诚实守信是做人的原则。"老姚这样说,也这样做了。

撮镇大桥附近有许许多多的渔场,而渔场的承包人大多为外地人,这些渔场老板平时基本都是在大桥附近的几家饭店就餐,有一些饭店老板心想,反正渔场老板有钱,又是外地人,能宰一个就是一个,吓得渔场老板吃一家换一家。于是时间一长,附近有几家饭店生意日渐清淡。姚延顺则不然,他抱着老少无欺、一视同仁、诚信经营的态度,用真情留住了渔场老板们。有一次桥头饭店来了几个外国人,有人认为这是发财的好机会,纷纷劝姚延顺"开宰",但他不为所动,该收多少就收多少。姚延顺常说,将心比心,开宰过路客,就是对不起我家挂在墙壁上的"县十星级文明户"光荣匾牌。

他将爱心传承给了孩子

姚延顺是一个拥有菩萨心肠的人,而这也感染了姚延顺的家人。

十多年前发大水,撮镇人民齐抗洪。张湾有两位孤寡老人,镇上领导无暇安置,就将老人们送到桥头饭店,姚延顺二话没说非常乐意地接收、安排老人的食宿,而姚延顺的妻儿也是每天问寒问暖,于细微之处见真情。两位老人每每谈起这事,总是激动得热泪盈眶:"他们一家人都是好人呀!"

姚延顺的儿子叫姚超,2011年9月,22岁的姚超在帮姚延顺打理饭店时注意到桥头下面有个流浪汉。"我在桥下洗拖把时看到了他,就告诉了我父亲,开始是我父亲给他送饭吃,现在基本上都是我来给他送饭。要是不送饭,估计这流浪汉就要饿死了!"

小姚说，一开始他和父亲准备把流浪汉带回家住，免得冻坏了，但是一拉这流浪汉，他就发火，不许别人碰他。可能精神上有点问题。后来只得给他送来两床被子，并且每天给他送饭。"正好我家开饭店，所以每天也不差饭菜。"小姚说。

姚延顺起初以为这名流浪汉是外地人，还试图和他攀谈聊天，希望知道他住在哪儿，好让家里人来接。但后来看到这名流浪汉的身份证，才发现他就是撮镇人，姓朱，家就在附近。

这名男子为什么有家不归呢？朱某今年44岁，是家中长子，下面有3个弟弟。朱某以前精神很正常，20多岁就到浙江打工，到2006年已经攒了不少钱，有十几万元吧，还在浙江谈了一个姑娘准备回来结婚。后来不知道什么原因，2006年那个女的卷着钱跑了。"他到处找这个女的，结果找不到，后来一着急就疯了。"朱某的家人说道。

随后，朱某被家人接了回来，送到医院治疗。几个月后，朱某治疗好了，继续到浙江去打工并寻找那名女的，结果回来又疯了。"就这样反反复复之后，家人最后只得把他关在屋子中，每天给他送饭。但是他又点着了房子，烧了一间房屋。家人实在没有办法，就随他去了。"朱某的继母说，她曾经带着食物和香烟去大桥下看过朱某，不过朱某用砖头砸她，还将香烟扔到河里。"他现在不认我们，只认桥头饭店的父子俩，因为他们天天送饭给他吃。"而现在，小姚接过父亲老姚的"救人"活，成了这个流浪汉的守护者，每天都会定时给他送饭吃。

姚延顺常说，能做些事给他人一点帮助，这是我人生的最高境界。

时光流逝，而桥头饭店的一个个动人的传奇故事却不会被人们所遗忘。二十万元巨款、几十次的救助、一百多条鲜活生命书写了姚延顺辉煌的人生。

（周　晔　撰稿）

赵玉富：铮铮铁汉铸造无悔人生

赵玉富的锦旗和他身上的伤痕一样多

有人赞叹着说："赵玉富可是好人啊，他是咱们涡阳县的编外警察，是活雷锋啊！"

有人则撇了撇嘴："做啥不好，偏帮警察捉坏人，真是不要命了，又不给工资，他就一傻子！"

风风雨雨40多年，赵玉富好事做了上千件，亲手抓获犯罪嫌疑人600多名，这些功绩带给他的，不是财富，却是残疾和一身伤疤，也难怪会遭人非议。

但不管啥样的评价，赵玉富都能坦然面对。勇斗歹徒、冒险卧底、跳水救人……经历过一次次生死考验，很多事他早已看开。

只是每当想起没能给家人稳定的生活，想起母亲去世却无钱安葬……他的眼圈就红了，铁汉到底也有柔情时，但他并不后悔。

如今赵玉富已经60岁，但他那颗"编外警察"的心却依然火热。

可以穷，但不能没良心

1952年，在涡阳县闸北镇赵楼行政村，一个男孩出生了，怀着希望儿子衣食无忧的美好愿望，母亲给他起名叫"赵玉富"。

赵玉富3岁时，家乡闹饥荒，全家人过着饥一顿饱一顿的生活。

不知何时起,父母亲之间有了隔阂,常吵得不可开交,最后两人以离婚收场,赵玉富跟了父亲,姐姐则留在了母亲身边。过了段时间,母亲离开了村子,她含泪对儿子说:"一定要做个有良心的人。"

不久,父亲离开家去了新疆、黑龙江。因受不了外地的严寒天气,父亲回家后就一病不起,无法站立。12岁的孩子不得不挑起生活的重担。为了赚钱读书,为了给父亲治病,赵玉富自己泡豆芽,每天清晨和中午,他就在村里村外吆喝着卖。虽然医生已给父亲判了"死刑",但孝顺的赵玉富却没放弃希望,他常吃力地用板车拉着父亲去求医,来回四五十里路。6年后,父亲的病竟然好了。

"那时太困难了,爷爷奶奶穷得连衣服都穿不起,棉袄拆掉棉花夏天穿。还好,在最困难时,邻居帮助了我们。你一瓢面,他半瓢米……母亲回来看望我时,总叮咛我要凭良心待人,不能忘记别人的恩情"。每逢回忆过去,赵玉富就说,因为受到别人帮助,所以他也会努力帮助别人,回报社会。就在卖豆芽的路上,赵玉富做了人生中第一件见义勇为的事情。

1964年涡河发大水,一个小女孩不小心掉进了河水中。看着裹着泥沙波涛汹涌的洪水,成年人都望而却步了,但赵玉富却毫不犹豫地跳进了水里,他游到小女孩身边,抓住她的手往岸边游,但却无力跟急流抵抗,两人都被冲到桥下。在危急时刻,赵玉富一手抓住木桥下的木墩,拉着女孩的手苦苦硬撑着,直到闻讯赶来的大人将他们救上岸。

母亲得知这一切后很自豪,她说:"儿子,你真勇敢,但你得知道这样做很危险,要学会保护自己啊。"

保护好自己……那时的赵玉富并未体会到这句话的含义,在以后的日子里,赵玉富才知道,保护好自己并不容易。

1970年,为了完成自己的军人梦,18岁的赵玉富参军了,年轻的小伙子血气方刚,渴望能多接受部队的严格训练,但一次热心肠却让他再也无缘重体力训练。那是一次做崖间训练时,由于山路坎坷不

平,炮车突然失控,竟然向一位战友驶去,千钧一发之际,赵玉富又忘记了"保护自己",他只知道拼命地拉着炮车的牵引环不放。战友安全了,但他却被炮车挤在大树中间,腰部严重受损。

好日子不过,去抓坏人

1973年,赵玉富从部队转业回到家乡,在一家建筑公司做了油漆工。1979年,经人撮合,他幸福地走进了婚姻的殿堂。赵玉富老实本分,待人接物很热情,技术又好,还爱帮助人,时间长了就在客户中建立了良好的口碑,所以不愁没工程可做,小两口过得开开心心。

然而,1982年7月发生的一件事,让赵玉富的人生轨迹开始改变。那天他下班回家时,看到几个人在拦路抢劫,还凶神恶煞地暴打一个青年。赵玉富的正义感又"发作"了。他冲了上去,经过一番搏斗,把青年解救出来,但自己却受伤进了医院。"犯罪分子太嚣张了!我在部队接受了这么多年的教育,虽然退伍了,但依然应该伸张正义,为维护社会安定出力。"他想。赵玉富对人民警察怀有崇高的敬意,他希望能辅助警察惩奸除恶。

母亲简单的一席话更坚定了赵玉富的决心:"儿子,你做得对!跟犯罪分子作斗争,人人有责!"从此以后,赵玉富就做起了义务治安巡逻员,每天晚上,他都会骑着自行车在大街小巷穿行,每逢遇到不平事,看到有人陷入困境,他都会挺身而出。

1996年6月的一个晚上,赵玉富发现了在逃杀人嫌疑人王某某,打电话报警后对其进行跟踪。王某某认出了赵玉富,见赵玉富跟民警之间尚有一段距离,他便捡了块砖头躲了起来。当赵玉富走近时,他拿起砖头对准赵玉富的头部狠砸,一边砸一边骂:"砸死你,就知道是你引来的鬼,不砸死你我就不能安稳!"

当民警抢救赵玉富时,王某某逃跑了。赵玉富头上缝了十几针,有一段时间他都痴呆呆的,70多岁的母亲心痛极了,但面对前来慰问

的公安局领导,老人却没有丝毫埋怨,含着眼泪说:"我这个儿子就交给政府了,他就算死了,我也没啥说的!"幸运的是,赵玉富还是清醒了过来。当王某某再次出现时,赵玉富做了充分而谨慎的准备,他一步步靠近王某某,突然一个冲刺飞起一脚,将王某某扫倒在地,在经过一番激烈搏斗后,王某某束手就擒。

与犯罪分子打交道久了,赵玉富学会了如何揣摩对方的心理,如何攻心。2008年2月16日,赵玉富听说有人在抢劫出租车司机,便立即骑着自行车赶到现场。虽然歹徒持有枪支,但他丝毫没有惊慌,主动与民警冲在最前面。没等民警开口,他就大声喊道:"如果胆敢举枪,当场击毙!"话语中饱含着正气和威慑力,犯罪分子闻后不寒而栗,心理防线崩溃,最后束手就擒。

赵玉富在街头巡逻

2011年10月的一个晚上,一辆飞驰的机动三轮车将一个小伙撞倒在地,后面一辆大货车没及时刹住车,直接从小伙的上半身压了过去。机动三轮车车主试图逃跑,在后猛追的赵玉富一把抓住车尾,被拖了十几米仍不放手。机动三轮车一个急刹车,赵玉富被甩出了几米远。

抓到车主后,赵玉富不顾一身伤,匆匆回到事故现场,小伙已不幸死亡。根据小伙手机上的信息,赵玉富联系到他在外地的父亲。在警

察勘测完现场离开后,赵玉富就守在小伙身旁等待着,当小伙父亲赶到时,已是凌晨2点,赵玉富冻得瑟瑟发抖。连冻带伤,半个月后他才恢复元气。至今,老赵走路还是一拐一拐的。

他还是一名反盗高手

赵玉富还是一名反盗高手。到底抓了多少窃贼,他自己都算不清。

2004年12月18日下午5时左右,他当场抓获一名正在偷手机的小偷。没多久,他又在银行门前发现一名行踪可疑的男子,跟踪其后,果真2分钟后此人就开始对一女孩的手机下手。12月23日夜里,他侦察发现了一个犯罪团伙,盗窃手机、密码箱、钱包40多起。12月28日下午,三名小偷在一十字路口互相配合盗窃女孩钱包时,被赵玉富当场抓住一个;随后,在水上商场他又发现另两名小偷,拨打110后,他悄悄靠近一手抓住一个……真是神了。

冯某每次偷窃得手后,都把赃物就近销售给旧货市场。2009年9月26日,赵玉富骑车经过向阳北路时,发现一个门市铺门被拉起20厘米,仔细一听,还能听到翻箱倒柜的声音,俯下身子向里一看,地上散落着很多货物。几分钟后冯某就落网了。被抓获时,冯某对赵玉富说:"我从电视上看过你,你老赵比警察还厉害。我曾专门认过你,只要你出现,我立即撤离,没想到最后还是栽在你手下。服了你,赵叔!"

大家都看过有关卧底的电影电视剧吧?其中的凶险不言而喻,稍微不慎就会危及性命,但艺高胆大的赵玉富却甘愿去做"无间道"。一个偶然的机会,赵玉富听说一个庞大的盗窃犯罪团伙隐藏在涡河闸附近,他通过各种渠道去探听查访,几个月后事情终于有了眉目。为了能够找到足够的犯罪证据,赵玉富扮作小偷做起了卧底。经过"推心置腹"的相处,他终于赢得了团伙头目的信任。赵玉富了解到,过去几年,该团伙在县城疯狂作案上百起。2008年3月,在赵玉富的帮助下,

警方将该犯罪团伙一网打尽。

2012年春节前后,小县城沉浸在合家团圆的喜气中,但为了抓获一个盗窃犯罪团伙,赵玉富却独自在涡阳汽车站中蹲守了一个月,每天晚上11点到天亮,他用敏锐的眼光观察着周围发生的一切,掌握了这个团伙的很多犯罪证据。当他说出犯罪团伙所有主要成员的姓名时,民警吃惊地说:"你竟然比我们了解得还详细。"

他成为小巷深处的雷锋

对犯罪分子,赵玉富是铁石心肠,毫不留情,但每当看到有人陷入危急时,他都会倾心帮扶。

2007年2月26日上午10点,赵玉富在涡阳新华书店门口,看到一个老人躺在地上。恻隐之心油然而生,经仔细询问后得知,老人来自山西省柳坝县农村,是来寻找女儿的,因不知女儿地址,钱花完了还生了病,无家可归。赵玉富把老人接到家里,一边请医生给老人看病、打点滴,一边想尽办法寻找老人的女儿。半个月后,老人的病好了,女儿也找到了,父女俩抱头痛哭。

2007年11月12日夜里12点多,赵玉富又如往常一样巡逻。不好!红旗电影院旁的一家服装店着火了!火是从门前燃起的,屋里会不会有人在睡觉?赵玉富匆匆借来铁棍,不顾火焰的灼燎,用尽全身力气把门撬开。当消防队员赶到时火已被扑灭。面对多处烧伤的赵玉富,店主感激不已。

2009年8月27日凌晨2点多,赵玉富在街上巡逻,一个叫方三的人,一把拉住赵玉富,就仿佛抓到了救命稻草。方三说朋友张斌因为家庭纠纷,一时想不开跑到涡河闸要自杀。人命关天,赵玉富赶紧朝涡河闸赶。此时,情绪非常激动的张斌已爬上涡河闸中间的第二个闸孔。救人刻不容缓!赵玉富把自行车朝旁边一扔,冲上去拼尽全力,将张斌从闸栏杆上拉了下来。事后,赵玉富不禁后怕:桥面离水面有

6米高,下面的水有7米多深,如果救人时不慎被带下去或者撞到拉闸门的钢丝,那可真是凶多吉少。

2011年夏天,赵玉富救助了一名身世坎坷的女精神病患者。"我要吃猪蹄"、"我要吃苞米"……虽然手头紧张,但赵玉富却自己掏钱尽量满足着她的要求,还给她买了衣服。这些年来,光精神病患者,赵玉富就救助过十几个。

熟悉赵玉富的人都知道他那几乎有求必应的热心肠。大家遇到困难时常会说:"有困难,就找老赵。"赵玉富又多了个绰号——"小巷深处的雷锋"。

遭人报复也无怨无悔

见义勇为,常常要付出代价。犯罪分子及同伙对赵玉富恨之入骨,他们实施了一次又一次的报复行动。赵玉富曾被几个骑摩托车的人用棍猛砸,家门口被人挂了死老鼠,妻子被打……妻子越来越害怕,她苦苦劝说丈夫放弃,但毫无效果。妻子绝望了,1988年她跟赵玉富离婚,留下了两个尚未懂事的孩子。

还是母亲的话温暖了赵玉富的心:"儿子,只要你认为自己做的对,就要坚持下去,别管别人怎么说。"为了给儿子减轻负担,母亲主动承担起照顾孙子的重任,而赵玉富依然做着"夜游神",当大家都已安然入睡时,他却忍住困意和孤单,默默地为小县城的安全出力。

不法分子感到胆寒,曾有人上门送礼贿赂:"只要你不再抓我们,我们愿意每个月进贡。"这番言语遭到了赵玉富的痛斥。

报复愈发升级,1993年8月31日成为赵玉富心中永远的痛。

那天凌晨2点多,赵玉富巡夜回来倒头就睡,突然他感到脚上一阵剧痛。睁眼一看,家中竟是一片火海!他披着毛毯就往外冲。突然他想起了老母亲,赶紧哭喊着又朝屋里冲:"娘,娘,你在哪里?"此时,母亲颤巍巍地从人群中走出,喊着:"娘在这!东西烧光了没关系,

人好好的就行。"赵玉富落泪了。经查那是一场人为纵火。至今回忆起来,想到一家老小那惶恐伤心的眼神,赵玉富还忍不住会流泪。

赵玉富常自嘲地说,挨打已成为习惯。他被人砍过数十刀,被摩托车撞断过腿,被汽车撞飞过,遭人棒打过,头上缝了60多针,9根手指致残,债台高筑,甚至连母亲的后事都没钱办……

很多人都说他是"傻子"、"憨种"。1997年腊月,赵玉富从冰冷刺骨的水中救了一个女孩。在他转身离开的那一刻,女孩家长的声音清晰地传来:"那个神经病赵玉富呢?"他的心有些刺痛。

这么多年来,赵玉富为国家和人民挽救了巨额财产,也因此获得了很多荣誉:全国第八届见义勇为表彰大会提名奖、安徽省第四届精神文明先进个人、亳州十佳人物、中国好人、安徽省道德模范……这是对他的最大肯定。

如今,60岁的赵玉富还做着油漆工,日子依然紧巴。虽然遭遇过无数压力,但每次想到被他帮助的那些人,赵玉富心中就充满了快乐,就是这种快乐,让他沿着这条路坚决地走了下去,而且无怨无悔,直到生命最后一刻。

(王　翠　撰稿)

徐晓霞：当街救人的"最美女护士"

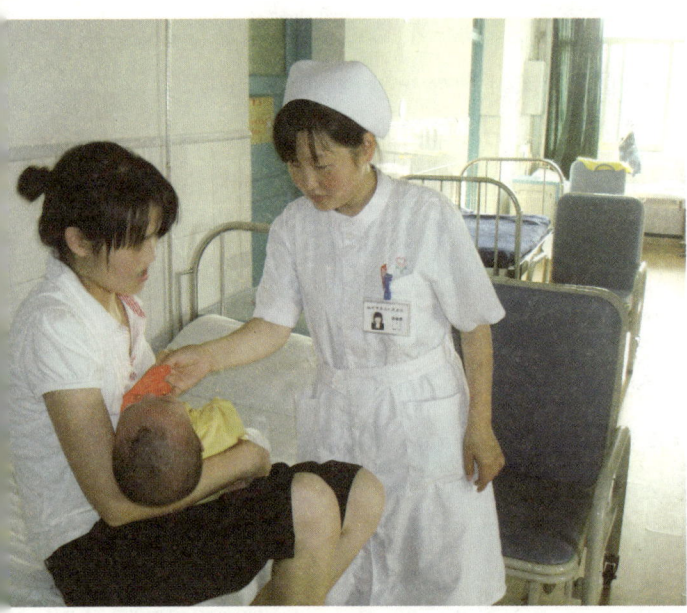

徐晓霞给病儿做检查

她，是安徽池州市第二人民医院一名普通的护士。从事护理工作六年来，她尽职尽责，勤勤恳恳，对病人护理得无微不至。

同事与领导眼中的她为人随和，乐于助人，朴实憨厚。

2012年春天，在老家休产假期间，一次偶然的街头救人，让她一下子成了名人，她也因此被网友誉为"最美女护士"。

她的名字叫徐晓霞。

面对各种荣誉，面对记者的采访，徐晓霞平静地说，街头救人完全是职业本能。

从小就有个"白衣天使"梦

徐晓霞出生于原池州市贵池区茅坦乡（现为贵池区墩上街道茅坦村）一个普通的农村家庭。她的父母忠厚老实，为人纯朴，从小就教导徐

晓霞待人要真诚友善。正是这样的家庭环境，造就了徐晓霞朴实善良的品质。从小，徐晓霞就对"白衣天使"这个职业有着一份天然的向往。

1999年，徐晓霞顺利考上了原巢湖卫校。在校期间，她认真学习专业知识，学习成绩一直很不错。毕业后，徐晓霞先到外地闯荡了两年。2005年，她回到家乡，通过考试，成了池州市第二人民医院的一名护理员。2006年8月，考取专业资质证书后，徐晓霞成了该院肿瘤科的一名护士。同年12月，徐晓霞被调到儿科。

有人说，儿科护士是最难做的。因为现在的孩子在每家都是个宝，作为儿科护士，工作中遭遇病人家属的责难是常有的事。

有一次，早班中班连上的徐晓霞刚到值班室，就听到一个病床的铃声在响。徐晓霞当时的第一反应就是病人的水吊完了，由于儿童输液都是现配现输，她赶紧跑去配药。几分钟后，徐晓霞拿着配好的药水赶到病房。可看到徐晓霞过去，孩子的父亲立即咆哮起来。原来他按铃并不是水吊完了，而是输液皮条掉下来了，要求护士去处理。

直到徐晓霞将他反映的问题处理好，孩子的父亲依然用手指着徐晓霞在不停责骂。那一次，徐晓霞被当场骂哭了。徐晓霞深深感到，作为一名儿科护士，肩上的责任有多么沉重。从此她工作也更认真了。

六旬老人将锦旗送到医院

2012年3月29日上午，在池州市第二人民医院内，一行人手持锦旗的镜头引起了众多住院病人的关注。一名年逾六旬的老人在家人陪同下，来到该院儿科办公室，将一面绣有"起死回生 终生感恩"字样的锦旗，亲手交到该院护理部主任杨丽萍的手中。

送锦旗的老人名叫周友如，是池州市贵池区墩上街道步岭村人。老人此次专门送锦旗到医院，是特意来感谢该院儿科护士徐晓霞的救命之恩的。

锦旗交给医院后,周友如老人特意来到徐晓霞面前,拉着她的手连声道谢:"谢谢,谢谢你给了我第二次生命。要不是你,我这条命可能已经没了。"直到此时,徐晓霞休产假期间勇救昏迷老人的事迹才在医院传开。

原来,3月23日下午3点左右,64岁的周友如老人骑一辆电瓶车从街上买稻种回家,当他骑到茅坦街道上原邮电局附近时,发现前面有一老太太在路上摇摇晃晃地走着,他赶紧避让。那位老太太可能知道后面有车,反而紧张得手足无措。周友如的电瓶车向左她也向左,电瓶车向右她也向右。眼看就要撞上去了,周友如老人立即紧急刹车。

然而令周友如没想到的是,正是这一紧急刹车,差点要了他的命。由于刹车后车轮打滑,周友如整个人失去平衡摔了出去。车子倒在一边,周友如则躺在路边,没有一点知觉。

休假期间放下婴儿去救人

被摔出后到底发生了什么,自己是怎么醒来的,周友如老人后来一点也不记得了。他只记得自己苏醒时,周围人告诉他,是一个推宝宝的年轻女子放下孩子,用各种办法救醒了他。

周友如后来了解到,周围人说的年轻女子名叫徐晓霞。那阵子,刚刚生过宝宝的徐晓霞正在老家休产假。事发当天下午,徐晓霞陪同小侄子从茅坦卫生院打预防针准备回家。当时她推着婴儿车和小侄子边走边聊天。走到原邮电局附近时,她发现一位老人倒在地上一动不动,周围一些人则在边上不停地叫喊:"死人啦,死人啦。"大家都显得手足无措。

"我是一名护士。有人昏倒了,我不能不管,我得去看看。"出于职业本能,徐晓霞立即把手中推着的不到四个月的宝宝放到路边托付给别人,自己快步向老人的方向跑过去。

毕竟是医院的专业护士,来到老人身边后,徐晓霞立即招呼周围围观群众将老人抬到平地放好。徐晓霞在老人身边蹲下身子,她用手摸摸老人的鼻子,发现已经没有了呼吸,并且其心脏也停止了跳动。

情况危急!她快速跪倒在地上,开始双手交叉为老人进行心肺复苏术。然而,任凭徐晓霞怎么按压,老人依然静静地躺在地上,没有任何反应。

当街为老人做人工呼吸

老人没有任何反应,怎么办?难道就这样看着他离去?不行,这对一名专业护士来讲是失职。徐晓霞心中有个念头,一定要抢抓时间,尽快将老人从死亡线上拉回来。她脑海中不停地转动着各种救人的方法。

"对!人工呼吸!"职业思维立即让徐晓霞想到这点。当这个念头刚蹦出来时,徐晓霞也曾犹豫:这毕竟是在街头,这样做妥当吗?老人能救过来吗?万一救不过来,他家人会怎么说呢?

但这些念头只是闪了几秒钟,徐晓霞很快淡定下来,自己是一名医护工作者,救死扶伤是自己的天职。于是徐晓霞上演了让路人吃惊的一幕,她跪在老人身边,口对口地为老人做人工呼吸。

一分钟过去了,两分钟过去了,老人依然没有反应。

"算了吧,肯定救不活了。""你对着人的嘴吹气有什么用?"围观人群中不断传出质疑声。但是徐晓霞并未放弃,一直坚持着。

奇迹终于发生了!经过十多分钟的抢救,老人发出了呻吟声,手脚也有了感觉。现场爆发出了热烈的掌声,人们纷纷向徐晓霞投去赞许的目光,许多陌生人也向她道谢。

见老人有了意识,徐晓霞立即让人找车把老人送到了乡镇卫生院。事后,据老人亲戚介绍,老人在卫生院治疗一个小时后,人就完全清醒了。

老人出院后找到救命恩人

周友如出院后的第一件事,就想着去寻找自己的救命恩人。他来到当初摔倒的地方,挨家询问附近的店主,打探当时救自己的好人。

于是就有了周友如给徐晓霞所工作的池州市第二人民医院送锦旗的一幕。现场,周友如眼睛湿润地向徐晓霞的同事们介绍说,现在许多人碰到这种事大都会退缩,怕被讹诈上。可徐晓霞这个"白衣天使",却在他危难的时候挺身而出。"她与我素不相识,这样的恩情恐怕我一辈子都报答不了!"

"我们听到这个消息后也很震撼,同时也为我们医院出了这样的优秀护士感到自豪。"池州第二人民医院护理部主任杨丽萍接受锦旗后也很感慨。她认为,徐晓霞能做到这样,一方面是她高尚品质的体现,同时也和医院对医护人员必须急救技能人人过关的严要求是分不开的。

池州市第二人民医院俞燕生院长表示,挽救病人的生命,始终是医护人员的天职,所以从这个角度讲,徐晓霞救人是本能的职业反应;但在今天这样的社会大环境下,徐晓霞能做到这样,是池州二院人的骄傲,他们医院将号召全体医护人员向徐晓霞学习。

自称救人完全是职业本能

2012年3月30日,《新安晚报》以一个整版的篇幅,对徐晓霞勇救昏迷老人的行为进行了报道。报道刊发后,引起社会各界的广泛关注。新浪网、搜狐网、腾讯网等国内众多知名网站纷纷关注并转载,引来网友如潮的赞扬声。

"在物欲横流的如今,很多人遇上这种情况唯恐避之不及。此事让人不胜感慨,愿好人一生平安、多福。"

另一位声称目睹了徐晓霞救人场景的池州网友评论说,徐护士在

救人时,"我和很多人都认为是老人的女儿,我想她在抢救时根本不会想到有人赞扬她,真是一个了不起的人!"

"说真的,晓霞做这样的好事我们一点不觉得奇怪。她平时就是个善良、朴实、热心的老实人。"徐晓霞的一些同事评价说。

池州市卫生局陈建淮局长评价说,徐晓霞护士与被救老人素不相识,在救人反被误会、医患纠纷时有发生的今天,她没有犹豫,没有退缩,弘扬了南丁格尔救死扶伤、勇于献身的人道主义精神,向社会展示了"白衣天使"的美好形象。

4月2日上午,在相关部门人员的陪同下,池州市委书记陈强专程看望了被誉为"最美女护士"的徐晓霞。陈强向她表示了崇高的敬意和亲切的慰问,并希望她在今后的工作中继续发扬这种精神和作风。

为了表彰徐晓霞的先进事迹,共青团池州市委及池州市妇联先后授予徐晓霞同志"全市优秀共青团员"及"池州市三八红旗手"荣誉称号。中共池州市委办公室、池州市人民政府办公室还专门发文,要求在全市范围广泛开展向"最美女护士"徐晓霞学习活动。

同时,在安徽省文明办公布的3月份全省精神文明十佳事迹中,"最美女护士"徐晓霞勇救昏迷花甲老人的事迹顺利入选。在6月1日公布的5月份"中国好人"榜中,徐晓霞成功入选见义勇为"中国好人"。

事后有人问徐晓霞,假如老人救不过来你怎么办?徐晓霞肯定地说,一个医护人员的职业操守就是要义无反顾地去救人,即使救不活昏迷的老人,他的家属也一定会理解,目睹事件始末的群众也一定会出来讲话。"我坚信这个社会富有正义感、心地善良的人还是多的。"

面对方方面面的荣誉,徐晓霞说得最多的一句话就是:"这个事真的没什么,当时救人完全是出于一种做人的本能和职业的本能,我也没想到那么多。现在各方面这么赞扬我,我真的很不好意思了。"

面对媒体的采访,朴实的徐晓霞一再强调:"当时正好被我遇到了,若是我的其他同事或同行遇到了,肯定也会和我一样义无反顾地上前去救人。今后若再遇到这样的事,我肯定还会毫不犹豫地上前救人。"

虽然很累,但会做得更好

章杏莉和徐晓霞是同一科室的同事。作为工作时间不长的新手,谈起徐晓霞,章杏莉总是徐老师长徐老师短地叫个不停:"徐老师一向乐于助人,无论是生活还是工作上,都乐于帮助我们这些新来的。"

新手在给宝宝扎针时,经常会遭受一些家长的误解。这时候徐晓霞总是一边鼓励同事,一边和家长做好沟通协调工作。她那朴实的语言总能得到家长的理解。

池州市第二人民医院护理部杨丽萍主任评价说,晓霞同志工作非常细致踏实,勤勤恳恳,在怀孕甚至反应特别厉害的妊娠期间也从未请假,一直坚守工作岗位。在该院新生儿科刚成立之时,还曾出现过儿科和新生儿科都抢着要徐晓霞的事。

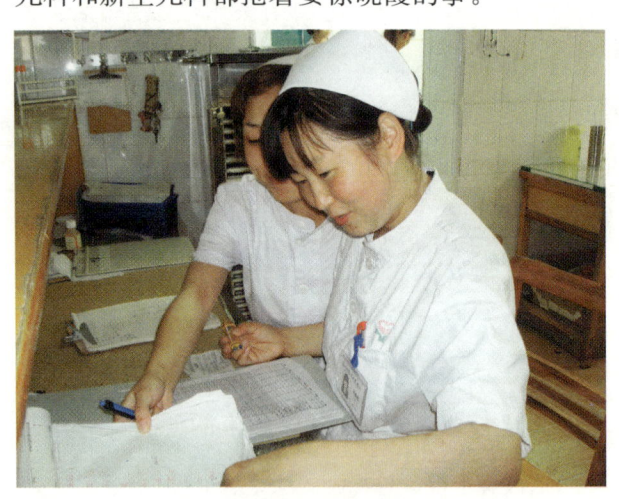

徐晓霞觉得自己的职业很神圣

护士工作的辛苦可想而知,作为儿科护士则要承受更多的压力。白天耳朵里几乎都是小孩的吵闹声,下班回家还要带刚出生不久的宝宝,徐晓霞坦言自己的压力真的好大,经常会有身心俱疲的感觉。

虽然很苦很累,但徐晓霞对这份职业一直充满着敬畏感,并将全部的激情投入到工作中。几年前的一件事至今让她不能忘怀:那天她

上小夜班,因病人多,她从下午5点半开始,一直忙到晚上10点多,都没吃上一口饭。正当饥肠辘辘的时候,外卖给徐晓霞送来了一碗酸辣粉。原来是一位病人家属特意打电话为她订的。那一次徐晓霞吃得特别香,一方面的确是饿了,而更多的则是感动。

徐晓霞说,做护士工作很辛苦,但是既然选择了这个行业,她会坚持将压力变为动力,时刻以高标准严格要求自己,时刻以最饱满的热情、最真诚的态度对待患者、对待工作,继续将"燃烧自己,照亮别人"的南丁格尔人道主义精神发扬光大。

(朱春友 撰稿)

彭伟平：勇救落水女童的"最美孕妇"

> 我不会游泳，小时候还曾溺水差点丢了性命，所以很怕水！
>
> 看到小梦雅掉进水塘，在里面呛着水，我就跳进去救她了，根本没想到自己还怀着双胞胎！
>
> 这只是一件很平常的事情，换作别人也会跳下去救她的，我只是做了一件应该做的事而已！
>
> ——灵璧县高楼镇张场村农民彭伟平

彭伟平是一位怀着六个半月双胞胎的"80后"农村女青年，在看到邻家女童落水时，全然不顾自己不谙水性、身怀有孕，纵身跳进水塘，抱起了落水女童。人们称她为"最美孕妇"。

女童落水，孕妇跳塘施救

"最美孕妇"彭伟平躺在病床上

"妈妈，妈妈，梦雅掉水里了！"2012年6月6日下午2点30分许，两岁半的索思琪对妈妈彭伟平说。

已有6个半月身孕的彭伟平起先以为是女儿

胡说,但还是拖着笨重的身体向门口的水塘跑去。这个水塘约38米宽、180米长,水面上漂着一层水藻,水质浑浊。

水塘距彭伟平家有近30米远,彭伟平跑到水塘边,看到小梦雅正在水中挣扎,她毫不犹豫,"扑通"一声跳入塘中。小梦雅落水的地方大概有1.5米深,水已经淹到彭伟平的脖子。彭伟平尝试将其拖上岸,但是由于塘壁过于陡峭,几次努力都失败了。"救命!救命!"彭伟平只好用双手托着小梦雅,拼着最后一点体力在水中呼喊。

73岁的老汉杨培礼正在家里看电视,听到呼救声,夺门而出,驼背的他不顾自己有哮喘病,边艰难地向塘边跑,边用沙哑的嗓音大声召唤村民。

36岁的村民陈德民和妻子刚巧开面包车路过,闻讯跳下车就往塘边跑。陈德民边跑边将身上的衣服和物品丢给跟在后面的妻子。此时,彭伟平将小梦雅托在水面上,自己却在水面下挣扎。陈德民纵身跳进水中。由于塘坡太陡,孕妇太沉,当过兵、身强力壮的陈德民连拖带拽,杨培礼老人忍着胸闷和咳嗽,引导着他们,用了七八分钟才将孕妇和女童拉上岸。

闻讯赶来的村民都围了上来。浑身湿透、披头散发的彭伟平冻得发抖,腿脚发软,直叫腰痛、肚子疼。村民王敏芳和张慧侠哭着跑回家,拿来被褥和袄子给她围上。"别怕啊,别慌啊,大伙都在这儿呢,马上就送医院了。"王敏芳安慰着伟平,自己却再一次哭了。

陈德民等人小心翼翼把袁伟平护送到附近的大路乡卫生院。卫生院的医护人员立即给她做检查,并安排专人每两个小时听一次胎心、每日做一次B超,力保母子平安。由于彭伟平脚被扎伤,又不能使用碘酒,护士就用药棉蘸蒸馏水帮她清洗……

醒来之后,先问女童安危

灵璧县高楼镇距县城60多公里,是灵璧县最为偏远的乡镇之一,而张场村又是高楼镇最为偏远的行政村。

"小梦雅呢?小梦雅怎么样了?"在被送往医院的途中,彭伟平用极其微弱的声音问。这是彭伟平苏醒后问的第一个问题。

小梦雅是跟着外婆生活的,父母都在温州打工。事发当天小梦雅的妈妈正从温州赶回来收小麦。

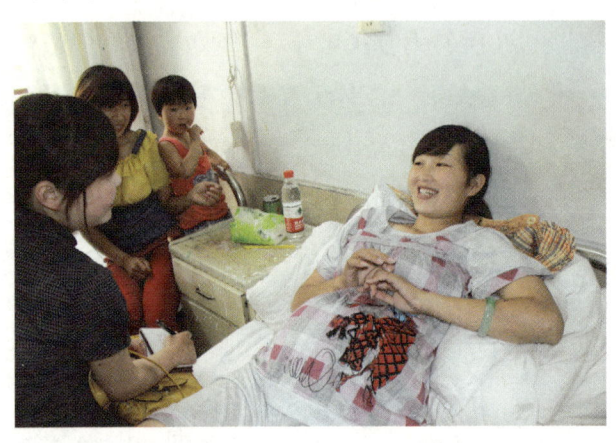

彭伟平脸上总是挂着淡淡的微笑

"如果我不把小梦雅救上来,她妈妈回家见不到自己的女儿该多难过?小梦雅的外公外婆又怎么向女儿交代?"躺在病床上的彭伟平如是说。皮肤白皙、相貌清秀的她说话细声细语,脸上总是挂着淡淡的微笑。

省文明办从合肥请来一位妇产科专家,为彭伟平做检查。专家心有余悸地说:"像这样快足月的孕妇,平时走动都要小心,居然跳进2米深的塘中,极易发生胎盘早剥。"

古道热肠,公认的好媳妇

一名孕妇,且不谙水性,在下水救人的那一刻,究竟有着怎样的决然与果敢?

6月9日下午,记者来到彭伟平的家中。小院落被打扫得干干净净,院内种植的蔬菜长得格外好。在这里,村里人纷纷说出了他们眼中的彭伟平。

杨培礼老人说:"她救人的地点离岸边有几米远,一个孕妇能把孩

子拉到水岸边已经让人不敢想了。"

"我立即把车开到水塘边,当我看到大着肚子的彭伟平正在水里抱着小孩的时候,一下子就惊呆了。"陈德民回忆道,"我跳下水的时候,她明显已经没有一点力气,完全是被大伙儿边推边拽上来的,如果我们晚来一点,后果想都不敢想。"

"为了救小梦雅,伟平在又凉又脏的水塘里呆了十几分钟。上岸以后,她浑身发抖,脸色惨白,靠两个人搀扶才勉强站起来。"王敏芳说:"我们赶紧给她围个袄,就往最近的大路乡卫生院送。"

好人,是彭伟平身边人给她最多的评价。彭伟平和丈夫索磊都是80后,2009年结的婚。索磊长期在温州打工,彭伟平在家务农。"伟平的善良大伙儿都知道,我支持她!"丈夫索磊的话从容而淡定。

相比于弟弟,姐姐索艳显得非常激动:"妹子,你救了别人家的一条命,但你没想过自己的三条命么?万一有个三长两短,可怎么办?"着急归着急,索艳对彭伟平的人品也是赞不绝口。"弟媳妇真是没话说,平时就尊老爱幼,对人非常热情。她那脾气,村里不管老的、少的,都翘大拇指。"索艳笑着说。

五保户索树全是索磊家的远房叔叔,生活较为艰难。自从嫁到索家以后,彭伟平对索树全就和亲闺女一样,平时帮他买这买那,逢年过节还会带东西来看望他。由于青壮年多在外打工,农忙时劳动力缺乏,彭伟平每年除了干自己家的农活外,还经常帮助左邻右舍。

村干部陈平领告诉记者,其实彭伟平胆子小,在村里也是出了名的。"她特别怕水,靠近水塘就头晕。所以这次伟平跳水救女童,许多村民都不明白她当时哪来那么大胆量。"

"或许,正是由于她一贯的善良、朴实、有爱心,才能积小善而成大德,在女童落水的关键时刻迸发出人性的光辉。"安徽省文明办主任贺懋燮说。

爱心接力,乡村演绎大爱

彭伟平是善良勇敢的,也是幸运的,当她义救落水女童之时,身旁还簇拥着一群同样善良、勇敢的好心人,正是他们的"爱心接力",才使这个故事有了一个完美的结局。

彭伟平入院后,村民们自发排班,每家出一个人轮流照料,一些村民还带去水果、饼干、蜂蜜和奶粉。彭伟平的女儿由66岁的村民杨雪芹照看。彭伟平家的麦子也有村民帮着收割晾晒。"我没帮过乡亲们什么忙,可他们为我做得太多了,经常照顾我们母女,帮我带孩子。我下水救一个孩子,又算得了什么。"彭伟平说。

彭伟平的事迹在社会上产生了巨大反响,社会各界通过不同方式向她表达美好祝愿。

团省委、省妇联分别授予"最美孕妇"彭伟平"安徽青年五四奖章"、"安徽省三八红旗手"荣誉称号;省精神文明建设指导委员会决定授予彭伟平"安徽省道德模范"荣誉称号,号召全省广大干部群众以彭伟平同志为榜样,学习她见义勇为的崇高品质,学习她助人为乐的大爱情怀,学习她孝老爱亲的良好品德;团中央作出决定,授予彭伟平"全国优秀共青团员"荣誉称号,号召全国广大团员青年向她学习。

目前,彭伟平已被评为见义勇为"中国好人"。

(张 涛 撰稿)

助人为乐
ZHUREN WEILE

一件件助人的故事,彰显一颗颗善良的心。这片土地,因为他们的一个个简单而又平凡的举动,每一个角落都有了光明和温暖。

李玉兰：感动中国的平民慈善家

没有千万家产，没有花容月貌，甚至一字不识，一个年逾六旬的餐馆老板娘，却成为安徽蚌埠市的"形象标杆"。人们习惯称她为"好人李玉兰"。她也因此受到无数人的尊重和追捧。作为"全国道德模范"，身患心脏病和糖尿病的李玉兰，守着清贫，依然爱无止境……

"感动中国"网选第一

"蚌埠市蚌山区天桥街道辖区居民，一名普通的共产党员。自1990年以来，为社会各界捐款达18万元，捐助100多名失学儿童，涉及全国20多个省、市、自治区；救助下岗工人及其他困难群众；认领了7位'亲爹亲娘'，按月给他们汇寄生活费。无私助人的高尚品质及至爱精神，是对中华民族传统美德的继承和发扬，是共产党员先进性的具体体现，是

本子上记着许多受帮助者感谢李玉兰的话

新时期优秀社区党员的典型代表，是我们每个人学习的楷模。"这是李玉兰成为2006年"感动中国"人物的人选时，央视主持人敬一丹为她写的推荐词。

在"感动中国"的官方网站上,李玉兰与一百五十多位候选人物的照片并列在一起,她并不起眼,只是那一贯的短发和慈祥的笑容让很多与她熟悉或不熟悉的人感到亲切。她却是"感动中国"网选第一的人。

在"感动中国"的网友留言中,一位网友的评价发人深省:李玉兰的伟大与平凡交相辉映,让我们每一个平凡的人有一种向善的冲动。

幼年遭遇凄惨曲折

李玉兰,这个共和国的同龄人从小就是个苦孩子。

就在李玉兰6岁的时候,父亲和母亲受政治运动的影响,先后被关进了监狱。家里的生活本来就不富裕,此时就过得更加艰难了。她的大哥早两年就外出谋生了,小妹也早早送了人,家中只剩下外婆和李玉兰姐弟三人。年迈的外婆实在养不活这三个孩子,独自一人回了苏北老家。就这样,李玉兰和大姐、弟弟三人成了孤儿。

小弟李学仁因为从小生病,落下残疾,行动不方便。大姐当时也只有11岁。三个尚未成年的孩子一下子面对生存问题,谈何容易。

李玉兰回忆说,他们当时睡觉盖的,是破被烂絮;身上穿的,是破洞的旧衣服。衣服破了不会缝补,就用别针别上,有时候图省事,就用绳头扎起来,最困难的时候连把肚皮填饱都是问题。

为了生存,三个孩子都出去讨过饭,拾过菜叶。当时,李玉兰家离一家澡堂很近。澡堂的职工们看到三个孩子穿戴破旧,吃不饱,都尽力帮助他们。澡堂的食堂一有剩饭,烧饭的师傅总是留给李玉兰姐弟。邻居们也经常你一碗我一碗地给他们送一些饭来。

当地派出所有位姓王的民警同志经常到李玉兰家问寒问暖,百般照顾。天冷了,他要来看看李玉兰姐弟有没有穿暖,如果没有,他就请民政部门救济他们一些棉袄棉裤。他还想方设法为他们从居委会申请救济费。闲暇时王民警还会告诉她们姐弟一些做人的道理。

有一天,邻居阿婆一边帮李玉兰捉着头上的虱子一边问她:"你长大

以后要做一个什么样的人?"她告诉阿婆,自己以后也要和阿婆一样,做一个好人,一个能帮助别人的人。"正是在困境中周围好心人的帮助,使我的心里从此种下了善良的种子。"李玉兰这样概括自己的童年。

要让孩子都有书读

经历了无数曲折和辗转后,李玉兰因为一个很偶然的机会来到安徽蚌埠,并在这里成家立业,拥有了自己的小家和名为"华照"的小饭店,生活也一步步改善。在1990年的一天晚上,送走了饭店里最后一批客人,忙碌了一天的李玉兰夫妇像往常一样坐到电视机前。电视里正在播出的一条公益广告,深深地打动了李玉兰:在很多边远的农村,有的家庭极端贫困,甚至连孩子上学的钱都拿不出来,有的孩子仅仅上了几年学,就不得不辍学,帮家里干农活。国家为了帮助他们完成学业,号召人们伸出援助之手,这项活动叫"希望工程"。

看着电视上那些孩子渴望读书的眼神,李玉兰的眼睛湿润了。她以前只知道帮助左邻右舍,亲朋故旧,却从来没有想到这些读不起书的孩子。儿子李江平也在一旁看电视,一见母亲的神情,他立刻明白了她的心思,就说:"妈,你是不是想帮助这些孩子?"李玉兰点点头:"他们需要帮助啊……"

此时此刻,李玉兰想到了多年以前,她带着女儿在大上海的饭店里遭白眼的情景。就因为不识字,她才被人冷落。这一幕至今犹在眼前。她想,自己不能再眼睁睁地看着这些孩子上不起学。李玉兰决定去帮助那些失学的苦孩子。这天夜里,李玉兰很久不能入睡,她想起了很多往事。

第二天,李玉兰要儿子当天就帮她联系捐助的事,并说要多帮几个孩子。李江平说:"就先帮两个吧。以后还要照顾他们的生活呢。开学了,要帮他们买书包、文具,给他们买衣服,逢年过节还要寄点零花钱。"在儿子的说服下,李玉兰决定先为两个失学儿童捐款。这天早

晨,李玉兰瞒着老伴,和儿子一起来到邮局,给"希望工程"的北京办事机构寄去了600元钱。在那张汇款单的"捐赠理由"中,李江平代母亲写道:"多识一个字,多懂一分理,提高民族素质。"

二十多年义举回报社会

一个月后,中国青少年发展基金会给李玉兰来信了,信里寄来了"希望工程"救助卡,上面介绍了李玉兰资助的内蒙古托克托县和合营村两名儿童的详细情况。李玉兰抚摸着来信,激动不已,她让儿子把信读了一遍又一遍。从那以后,李玉兰看电视又多了一项内容——关注有没有"希望工程"的消息。

不久,山东省高青县和安徽省长丰县两名失学儿童的消息,又让李玉兰放心不下,于是,她又给中国青少年发展基金会汇去800元,让这两名失学儿童又背上书包,高高兴兴回到了课堂。从此,李玉兰捐助的对象和钱款都逐步扩大。

1997年春,李玉兰同儿子回山东老家扫墓,看到村里7位"五保户"老人生活十分困难,当即把身上500元钱送给老人,并从此每月给每位老人寄上30元生活费,让他们安度晚年。十年间,李玉兰寄出的生活费从30元涨到50元,再到100元。1998年夏天,我国部分地区遭受洪涝灾害,正患严重肺病的李玉兰看到电视里的新闻,把平时积攒零钱的储钱罐拿了出来,一分、两分的硬币零零碎碎,找了张旧报纸包了就交到了区里。经清点,竟然有1100多元,是那次捐赠活动中个人捐款数额最大的一笔。

从1990年至今,李玉兰家里的存款没有多起来,但收到的感谢信、汇款回执却越来越多,积攒成厚厚一摞。曾经,在蚌埠市的主干道上,有当地民营企业家主动树起向李玉兰学习的广告牌;李玉兰的事迹通过言传口播、媒体宣传,在蚌埠可谓家喻户晓;蚌埠市委市政府提出向李玉兰同志学习。一时间,李玉兰精神融为蚌埠城市精神的一部

分。2005年11月,她与霍英东、李嘉诚、成龙、李宁等一起并肩站上了首届"中华慈善奖"的领奖台,2006年10月她又光荣地参加了安徽省第八次党代会。李玉兰说,她获得的荣誉很多,但是她再有名也不会改变她做善事的行为,她希望通过自己的行动能够让更多的人愿意去帮助别人。

看病时也不忘助人

1998年,李玉兰因胆结石住院手术,和她同住一间病房的是一个年轻妇女,她俩一前一后进了手术室。李玉兰术后顺利回到了病房,可是到了下午,那个女病友却还没回来,李玉兰担心起来:她明明是和自己一块进去手术的,怎么还没出来呢?她对陪护的姐姐说:"你快去看看怎么回事。"

李玉兰的姐姐走到手术室门口,看见一个小伙子蹲在墙根处掉眼泪。一问才知道,他是那个女病人的丈夫,两口子是从芜湖来看病的,可是带来的钱已花光,手术费用不够了。小伙子在蚌埠无亲无故,既拿不出钱,又找不到人担保,只能眼睁睁看着妻子受罪。

李玉兰听说之后就急了:"得让人家先把手术做完。"她主动提出要为这小两口做担保人。院长听说此事,亲自签字同意,当晚8点左右,病友终于完成了手术,回到病房。可李玉兰还不放心,要姐姐回家拿钱,姐姐知道她的心思,说:"你现在自己是病人,我们口袋里也没有多少钱啊!"但李玉兰很固执,姐姐只得按照她的要求拿来了1000块钱,补齐了女病友的医疗费。后来,小伙子的家人来了,还上了李玉兰的借款。出院时李玉兰又掏出500块钱塞给那个小伙子,让他安心给妻子看病。

当时,李玉兰既没问小伙子姓名,也没说自己住址。可是她没想到,3年以后,那个芜湖的小伙子竟然找到了李玉兰的家。他不仅带来了500块钱,还挑来了一个担子,一头装着新弹的被褥,一头装着自家

采的莲藕。他对李玉兰说:"大姐,当初我还不起你的钱,今天我又来了。"可是,李玉兰只收下了被褥和莲藕,她对小伙子说:"我就没打算要你的钱,你硬要还,就是看不起我。"小伙子只好把钱收了回去。临走的时候,那个小伙子又一次抹了眼泪。

遇到别人困难,她就要帮一把

蚌埠二马路的个体商贩朱玉萍和李玉兰有十几年的交情了,她亲切地称李玉兰"我姐"。她说:"如果不是我姐,我家小洁没有今天。"朱玉萍有一个让人疼爱的女儿,叫张玉洁,这孩子从小就能歌善舞,模样也水灵,老师都喜欢她。张玉洁读到中学的时候,突然迎来了一个好机会——中央民族学院在安徽招收专科学生,全蚌埠市只有一个名额,张玉洁的老师极力推荐她去北京考试。

朱玉萍的爱人下岗在家,一家人就靠朱玉萍在二马路的小门面过活。因为费用问题,朱玉萍的爱人不同意孩子去北京考试。矛盾中的朱玉萍找到了李玉兰,想听听她的意见。李玉兰说:"小洁这孩子是块材料,不让她去太可惜了,你们为什么不让她去啊?她要是考不上,就当去北京玩了,这钱我来掏;她要是能考上,我们就是砸锅卖铁也要把她供出来。"

就这样,李玉兰为朱玉萍凑了 4000 块钱,让张玉洁去了北京。张玉洁的表现征服了评委老师,她顺利地被中央民族学院录取了。从那以后,李玉兰每月都给小洁寄钱,放假了还给她买新衣服。现在的小洁已经读完了大学,并报考了研究生。她亲热地搂着李玉兰说:"没有阿姨,我就没有今天,阿姨就是我的支柱。"

用别人的话说,李玉兰经常到处"撒钱"。

2001年的一个傍晚,李玉兰到幼儿园接小孙子,无意中听到路人谈论,蚌埠市某家医院里刚刚诞生了三胞胎,躺在暖房里奄奄一息,而他们父母是燕山乡的农民,拿不出钱来救孩子。

知道李玉兰的人一定会说,这种话最不能叫她听到。可不是吗,

当时的李玉兰下意识地往口袋里一摸,身上带着800元钱。但想想还不够,她又跑到亲戚家借了1200元。

李玉兰抱着孙子,揣着这2000元钱跑到医院,但医院的收费处已经下班了。她又不识字,看不懂科室的名称,只得拽着小孙子楼上楼下地傻问,结果碰到了院长,院长说:"你是他们什么人啊?"李玉兰不好意思地说:"我什么人也不是,就想帮他们一把。"院长告诉她,现在是电视台在接受捐款。李玉兰一看天快黑了,转身又跑去找电视台。在路上,小孙子说:"奶奶,我饿了,我想吃烧饼。"李玉兰一摸,口袋里只有20张整钱,这钱一打散就不够2000元了。于是,她对小孙子说:"听话啊,咱们到家就有饭吃了。"

为了送钱,李玉兰真是尝尽了没文化的苦头,她摸到天黑才确切地知道,负责接受捐款的是有线电视台,而此时的李玉兰已经累得精疲力竭。为了救人,她没放弃,第二天一早,她就找到了有线电视台,这笔钱,终于用到了三个孩子身上。

老伴留遗言让她继续帮人

"李玉兰饭店"位于蚌埠市青年街上。这家饭店曾是李玉兰维持一家生计和向社会捐助的依靠。经过了最困难的时期,饭店已修缮一新,重新营业。楼梯拐角处有一个爱心捐书站。这是李玉兰设的一个捐书点,许多顾客会将自己的书捐到这里来,然后

李玉兰饭店有个爱心捐书站

由李玉兰统一送到学校和学生手里。

"以前饭店叫'华照饭店',是以我老伴的名字命名的。其实以前,最不理解我的是我老伴。"李玉兰说,她老伴李华照2009年9月生病,最后确诊为血管肉瘤。"当时看到结果时,我和老伴都蒙了,医生说是绝症,而且医疗费特别高。"

"老伴当时也抱怨过我,平时饭店赚的钱也不多,大多被我捐给别人了,结果轮到自己却没有钱用了!"李玉兰自己也是一身病,却同样拿不出多少钱治。老伴又气,又心疼,对她说:帮人归帮人,总要先照顾好自己吧。

李玉兰说,当时她挺难受的,一方面是老伴生病,家里却拿不出钱来;而另一方面是,别人不理解她也就算了,憨厚的老伴却也不理解。

那段时间,饭店也不营业了,李玉兰为了医疗费焦头烂额。直到有一天当地妇联的工作人员知道了她的困境。

"经过媒体报道后,蚌埠市的许多市民都知道了这件事,给我们捐助和帮忙。"说起这件事,李玉兰仍然很感动。"有的小学生过来,掏出自己的零花钱,有几块的,也有几毛的,他们其实家庭条件也不好。还有的人过来,留下几百元就走,我们想要记在本子上都来不及。还有一些人过来陪我们说话,宽慰我们。"

"以前帮助别人也从来没有想过回报,但是当大家都来帮助你的时候,你会觉得这个世界很温暖,人心都是善良的。"

最后,捐助款达到了10多万元。"老伴告诉我,他从来没有想到,原来李玉兰真的能够感动这么多人,原来这个社会这么有情有义!"

在弥留之际,老伴道出了内心酝酿已久的遗言:"我走后,你将饭店改名为'李玉兰饭店'。以前我有点自私,现在才知道,帮助别人才是你李玉兰最大的乐趣。饭店改名后,你一定要坚持把饭店做下去,这样才能帮助到更多的人。"

大家都来帮她重开饭店

老伴去世时,捐款还剩了3万元,李玉兰带上孩子们,按收款时的条子一家家找到学校、单位去退钱,但是人家坚决不收,让她留着自己花。于是,李玉兰拿着这些钱继续行善。

为了有钱继续帮助人,做完心脏搭桥手术不久的李玉兰开始重新装修已经破败的饭店。这时候,人们再次向李玉兰伸出了援助之手。有人送来了空调,有人送来了电视,还有人直接将钱塞到李玉兰手中。政府、企业、市民……社会各界都来帮她渡过难关。

"这个社会好心人太多太多,有时候觉得我的名声已经超过了我的付出,我只能更加努力去帮助别人,回报这个社会。"

李玉兰饭店的包厢名字有些特别,叫"天洋"、"供电"、"蚌山"、"震兴"等。李玉兰的女儿李江英解释说,他们的饭店本来是要关门的,去年政府部门和好多单位、个人捐款,重新装修,才又有了生意。为了表达谢意,所以包间就以爱心单位的名字命名了。

李玉兰的饭店,不仅养活着她一家12口人,养活着山东的7个"五保户",接济着很多贫困家庭,还养活着一群流浪乞讨人员。一到吃饭的时候,那些流浪人员就排着队蹲在李玉兰饭店门口,李玉兰一家把剩下的饭菜挨个盛到他们碗里。如果没有剩菜的话,李玉兰家就把多余的蔬菜煮一锅大杂烩,端出来和流浪人员一道吃。大多数的时候,李玉兰一家和流浪人员吃的饭都是一样的,他们没吃过什么好菜,而那些流浪人员也没挨过饿。

李玉兰扶助流浪人员,并不是从生活宽裕时才开始的。李玉兰的儿子李江平说,二十多年前,母亲带着他在浙江生活,那时候天天都有很多讨饭的,他和母亲也饥一顿饱一顿地生活了好久。有一天,亲戚送来了一袋珍贵的东西——五斤大米。十几岁的李江平眼巴巴地看着母亲把一袋大米全都煮了拿给讨饭的人吃,背过身去就哭了。

现在,讨饭的人少了,但只要被李玉兰撞见,她都不会无动于衷。蚌埠市街头有一个残疾流浪人员,没有双腿,每天卧在小木板上滑来滑去。他只要见到李玉兰,就用力把板一滑,逃开了。你要是问他为什么,他就会告诉你:"那个大姐是个好人,她每次见到我,不是给我饭吃就是给我衣服穿,还常常给我钱。我不能再要她的了。"

李玉兰的至善之心让人们相信,在经验世界里,确实存在着纯粹,而这种纯粹来自心灵深处,李玉兰将它自然地表达了出来。

(周　晔　撰稿)

洪　波：格桑花绽放雪域高原

"曾经有一个美丽的传说，不管是谁，只要找到了八瓣格桑花就找到了幸福。"

格桑花是青藏高原上的一种普通野花，它的生命力极其顽强，被藏族人视为爱与吉祥的象征。

格桑花西部助学网的成立，让成千上万的藏族孩子得到资助，获得了读书的机会，更让许多藏族同胞不再苦熬冰冷的寒冬。这朵来自江淮大地的"格桑花"，真的让藏族同胞找到了幸福的方向。

格桑花西部助学网——这朵绽放在雪域高原的"格桑花"的创始人，就是安徽医科大学第一附属医院的高级工程师洪波。

受资助孩子寄给洪波民族特色饰品

高原小姐妹唤起助学心

洪波今年42岁，家住合肥，是安徽医科大学第一附属医院的高级工程师。洪波性格开朗，热爱旅游，特别是西部地区的文化风景，更让她心驰神往。2002年，洪波作为第一批全国招募的志愿者，在可可西里无人区工作了一个多月。

在辽阔的西部,洪波不仅领略了戈壁、草原、雪山等异域风光,更被西部百姓的生活所触动。2002年夏天,洪波路过青海省玉树县一片荒凉的戈壁,她感到口渴,便走进一位牧民家里讨水喝。

洪波诧异地发现,女主人虽然怀里抱着小孩,但却一脸稚气。原来,这位妈妈只有十五六岁。女主人告诉洪波,因为家里困难,她9岁时便辍学了。后来,没有办理结婚登记,她就和一位16岁的少年结了婚,生了小孩。为了照顾瘫痪的阿爸和年迈的奶奶,这对原本应在校园里读书的小夫妻,不得不早早挑起了家庭的重担。

看着女孩熟练地操持着家务,洪波心里思绪万千,若非亲眼所见,她绝不敢相信眼前的现实。但她不会想到,两年后,她将为更冰冷的现实而心痛不已。

那是2004年春天,洪波在甘南藏族自治州旅游时,遇到一对衣衫褴褛的小姐妹。她俩分别是卓玛草和拉毛草,都只有七八岁。小姐妹看到背着行囊的洪波,松开握紧的手,举到洪波面前,怯生生地问:"阿姨,刚采的虫草,要吗?"

小姐妹告诉洪波,爸爸去世了,妈妈靠给别人放牧、洗衣服赚钱养家。虽然家里穷,但妈妈坚持要让两姐妹读书。姐妹俩也体谅妈妈的艰辛,于是,放学后,她俩总会去挖虫草,攒点学费。

小姐妹轻声诉说自己的经历,但已为人母的洪波心里却是翻江倒海。她紧紧地拥抱着小姐妹,一种"我总得做点什么"的情愫油然而生。洪波当即决定捐助小姐妹的学费,一直到小姐妹高中毕业。

姐妹俩高兴地哭了,她们拉着洪波阿姨的手,欢快地跳起了舞。看着小姐妹满脸的笑容,洪波高兴之余,却陷入了沉思:"青藏高原上,还有很多像卓玛草和拉毛草这样的贫困孩子,怎么让他们都能得到帮助,谁能来帮助他们?"

一种使命感充盈洪波全身。从此以后,她开始将自己的时间和精力,倾注到遥远的青藏高原地区,在爱人的支持下,她多次深入西部高

原地区进行实地调查。她发现,在西部贫困地区,不少成年人因为没有上学,成了文盲、法盲,缺乏谋生的技能,只能靠非法捕猎藏羚羊赚钱,陷入了恶性循环。"不能让孩子们步他们的后尘。"洪波想,最要紧的,就是让西部的孩子们能读书,能接受教育。

但现实的情况是,这些几乎餐餐青稞面的孩子,家里穷得连纸笔都买不起,随时可能失学。虽然政府一直有援助项目,洪波也遇到过几位志同道合的民间人士,比如上海的刘祎,但还是杯水车薪。

"有什么办法,可以动员更多的力量来关注他们,帮助他们呢?"洪波苦苦思索着。

100个孩子催生格桑花

2004年底,一直通过各种方式关注西部贫困孩子的洪波,在网上看到一个帖子。帖子里说,寒冬到了,但拉萨德吉孤儿院的孩子们仍然穿着单薄的衣服,不是孩子们不怕冷,而是实在没有厚衣服。

这样下去,孩子们大冬天里只能挨冻。洪波看到帖子后,二话不说,立刻发动身边的朋友们捐赠衣物。洪波的号召很快得到了响应,朋友们的热情甚至超出了洪波的想象。在这次募捐中,洪波一共筹到了1万多元现金和很多棉衣。

洪波笑了。她想,人多力量大,社会上不乏爱心,只是缺少奉献爱心的渠道。洪波又有了新的计划——找更多的需要帮助的困难孩子,找更多的愿意奉献爱心的捐助人。她和刘祎分头进行,一个找人,一个找钱。从2004年底到2005年初的两三个月内,她们为70个西部孩子找到了捐助人。

看着名单上一串串的名字,洪波很高兴。但她们的目标是100个孩子。现在为这70个孩子联系捐助,已经让她和刘祎感到力不从心,繁琐的事务严重影响了她的生活和工作,而每月3000多元的长途电话费,更是让她感到"经济危机"。洪波知道,仅靠她和刘祎两个人的

力量,完成目标是非常困难的。

怎么办?

洪波想到了互联网。"不如做个网站吧,把信息都发到网站上,所有人都能看到资料,也能通过网络来捐助。"网络确实能发挥作用,可是,洪波和刘祎对如何建网站都一无所知。她们上网寻求帮助,爱心很快得到了共鸣。曾经做过可可西里志愿者的大连人于峰加入洪波的队伍,他自己花了4000多元,建了一个网站。

2005年2月19日,网站正式开通,取名为"格桑花西部助学网"。洪波在《版主倡议书》中无限深情地写道:"当你背包走遍青藏高原巍巍昆仑,当你驾着汽车穿越苍茫雪域,当你在飞机上俯视圣洁的大地……在你的目光里一定晃动着许多影子,那是一双双渴盼的大眼睛,他们也渴望了解外面的世界……点滴爱心可以汇聚成博爱大海,许多贫困的藏族孩子需要您的爱滋润!"

洪波开始定期把困难孩子的信息发布到网上,这些信息很快引起了爱心人士的注意,一座座爱心桥梁迅速搭建起来。一个多月后,洪波和刘祎资助100个孩子的目标"轻松"实现了。

格桑花让冬天不再冰冷

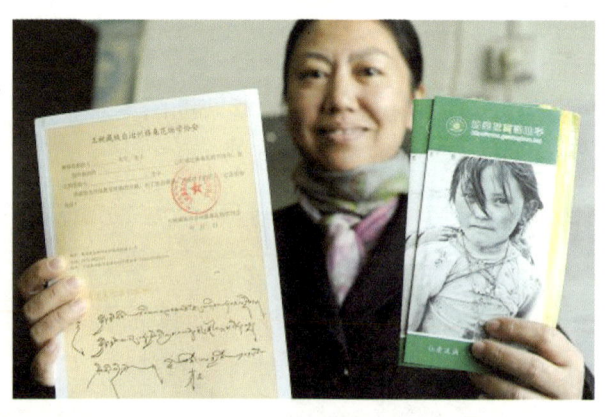

洪波发起创办了"格桑花教育救助会"

2009年4月下旬,已经更名为青海格桑花教育救助会的"格桑花",获得了中央财政35万元资助,这是"格桑花"自2005年成立以来,首次获得财政资助。而这笔

钱,将用于青海格桑花教育救助会申报的"青海格桑花教育救助会暖冬试点项目"。35万元资金现在已经到账,用于玉树师生过冬煤炭采购。

洪波说,玉树藏族自治州曲麻莱县境内整体平均海拔4500米以上,高寒缺氧,年平均气温-3.3℃,一年有8个月需要取暖。一般情况下,学校没有足够的燃料取暖。"最冷的时候,室内温度达到零下20多摄氏度,学校不得不提前放假,还得推迟开学,但这样就完不成教学任务。"另外,由于寒冷,很多学生得了感冒,甚至恶化为肺炎。而该项目实施后,将在高原的寒冬里为孩子们送去浓浓暖意,使孩子们的冬季患病率大大降低。

民间组织能获得中央财政的资助不是一件容易的事。洪波说,之所以项目被认可,是因为"格桑花"的暖冬项目已经进行了很多年,已经非常成熟。说到这,洪波耳畔好像又响起2005年秋冬之交时的那串急促的电话铃声。

那是2005年11月4日的晚上,已经入睡的洪波被突然响起的电话铃声惊醒。青海省称多县民族一中的智明龙珠校长在电话里焦急地说:"我们这里从10月15日开始下大雪,一直下到11月4日还没停。大家储存的燃料都用完了。零下20摄氏度,孩子们冻得没法上课,只能放假,可他们家里也没有御寒的燃料啊。"智明龙珠说:"孩子们快冻得不行了,救救他们吧,我给您磕头了。"

洪波的心一下子揪了起来。20多分钟后,一些照片传到洪波的邮箱。这是学校的一位老师冒着生命危险,跑到牧区拍到的。照片上,几个孩子穿着单衣,在雪中瑟瑟发抖。洪波的心揪得更紧了。

10分钟后,一封题为《给大雪中的孩子一点温暖吧!》的紧急求助信出现在互联网上。信中,洪波写道:"有了您的爱,孩子们的手就不会冻僵了,他们可以写字喝上热水,他们就会在滴水成冰的恶劣天气里点燃对生命的希望,对这个五彩缤纷的世界感受到真实美好……"

真挚而朴实的话语,打动了很多网友,爱心从四面八方纷至沓来。

短短一个多星期,格桑花西部助学网就募集了3万元善款和大量棉衣。洪波把钱换成50多吨煤和5吨炒面,找了4辆大卡车,由西宁的义工张亚莉运往灾区。一路上天寒地冻,车子在冰雪路上翻山越岭,非常危险。但为了那些缺衣少食的孩子,张亚莉冒着零下30摄氏度的严寒,走了2天2夜,终于赶到了称多县。这时,国家气象局和民政部才刚刚发布这里的雪灾消息。

后来,新华社对这次雪灾进行报道时惊讶地发现,这场声势浩大的救灾行动,竟是由一个民间网站发起组织的。而通过这次行动,洪波也惊喜地发现,一个小小的助学网站竟能产生这么大的力量。此后,温暖无数西部孩子的格桑花"燃料项目",自然而然地开启了。

每一分钱都要公开透明

巨大的成功并不能掩盖网站初创期的艰难。洪波说,网站的一项工作,是发现那些需要帮助的藏族同胞。"虽然藏族人都很热情,很友好,但一开始我们缺乏经验,文化背景又不同,沟通上存在一定的障碍。"此外,西部地区交通相对落后,通讯也不发达,给"格桑花"的走访造成了不小的困难。

但是,志愿者的不断加入,让这些困难渐渐消散。现在,"格桑花"已经拥有好几万志愿者,奔波在雪域高原。洪波说,志愿者的任务很多、很重。"对每个贫困孩子的家庭情况,我们都要进行实地调查,力求准确。"洪波常常担心志愿者的人身安全。"贫困的孩子大多住在山里,山路崎岖,很危险。"所以,每次听到有志愿者出门,洪波都要为他们祈祷,祝福他们一路平安。

好在老百姓都知道"格桑花"是来帮他们的,他们常常让志愿者坐上他们的摩托车,载着志愿者开到大山深处。洪波说:"我有时坐在摩托车后面,觉得虽然语言不通,但我们的心是贴在一起的。"有一次,

"格桑花"义工去黄河源头曲麻莱县实地调查和发放助学金,吉普车被洪水冲翻在河里,义工们心急如焚。这时,20多位藏族同胞连衣服都没脱,就纷纷跳进冰凉刺骨的河水,硬是用绳子把吉普车给拖了上来。看到车子失而复得,义工们不知如何感谢才好。这些藏族同胞说:"你们是来帮穷孩子们读书的,不能误了你们的大好事!"

有了当地百姓的支持,有了大量志愿者的参与,"格桑花"的运作模式开始渐渐成熟和固定下来。先将孩子的信息在网上公布,然后由网友在网上认捐,最后直接汇款到当地学校的指定账户。捐款结束后,"格桑花"义工在网上招募网友,介入监督,由当地学校、"格桑花"义工及监督人三方现场发放捐款。洪波说:"必须有公开透明的制度作保障,才能得到大家的信任,也才能有公信力。"

为了让每一分钱公开透明,洪波有时候花费的力气,比到大山深处调查还多。

有一段时间,洪波诧异地发现,怎么很多人到网站上捐一分钱呢?纳闷归纳闷,洪波还是让会计将每一笔账目公布在网站上。别看只有一分钱,工作量却不小,先得隐去捐助人部分信息,然后扫描单据,上传……这些全是手工操作,一天下来扫描仪热得发烫,会计也常常加班到深夜。

有人说,这不是傻吗?但洪波的想法是,她曾经做过承诺,每一分钱的收支都要在网站上公开。"一定要坚守诺言,让捐款者放心。"洪波一丝不苟地对待每一分钱捐款。渐渐地,细心的洪波发现,"一分钱"后陆续捐来了数千元甚至几万元。原来,一分钱是一些有心人的试探。

洪波非常理解这些试探。"别人的钱,为什么要放心地交给你处理,首先他得信任你。"洪波说,大家的信任才是"格桑花"的生命力。

"我的心永远留在西部"

在洪波等人的细心呵护下,"格桑花"终于茁壮成长,短短 6 年时

间,"格桑花"就筹集了 4500 万元的捐款,结对捐助 2.4 万多人次,还多次为西部偏远地区学校和福利院援建配套设施、发放生活用品。

"格桑花"犹如一条温暖的纽带,将东西部人们的心紧紧连在一起。有一次,洪波去青海省一所中学发放助学金,一位高二女孩交给洪波一封信。女孩在信中写道:"尊敬的洪阿姨,我们每个月的生活费还不足 20 元,几乎天天都是白开水泡馍馍。对于生活的贫困,我们既不怨恨父母,也不抱怨命运。相反,我们抱有或多或少的感激,可亲可敬的'格桑花'的叔叔、阿姨们,你们的援助不仅仅是物质上的,更多的是精神上的,是你们的援助增添了我们一个个贫困生对于生活的信心,给予我们贫困生应有的尊严!"

而洪波最早捐助的卓玛草和拉毛草姐妹俩,也曾对洪波说,长大以后,他们也要从事公益事业,帮助更多的人。这让洪波看到了希望。这位生活在合肥的女子,早已把自己的生命和遥远的西部连在一起。2008 年,当国家奥组委邀请她参加火炬传递时,洪波毫不犹豫地选择了拉萨作为传递圣火的城市。

洪波说:"十多年前到西藏,我只是匆匆过客,只是向往这里的蓝天、白云、雪山。现在我觉得,我已经走进了藏族人的生活和内心,我来拉萨,不再是看风景,而是来看我的孩子们。无论我现在身在何处,我的心会始终留在这里。"

(项 磊 撰稿)

刘　丽："最美洗脚妹"情暖人间

1995年春节后,一个年仅14岁的女孩,因家境贫穷,不得不放弃学业,从家乡安徽颍上县前往武汉打工。她洗碗,捡易拉罐,睡在桥下,尝尽了生活的艰辛。

4年后,这位女孩到了厦门,因为没有一技之长,依旧在社会的底层苦苦挣扎。后来,她进入一家足浴城,当了一名洗脚妹,才渐渐安定下来。

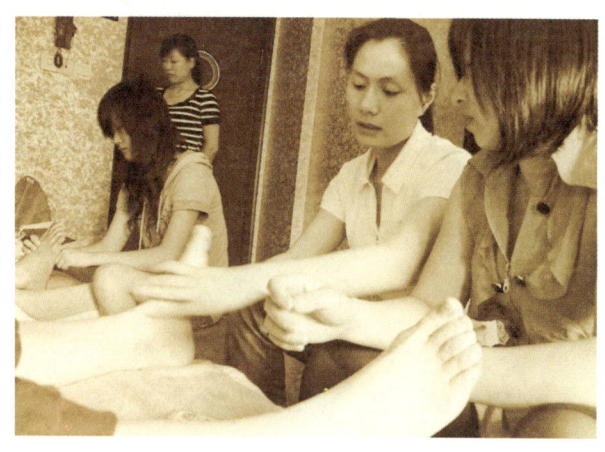

刘丽是一名平凡的洗脚妹

就是这样一位出身贫苦的安徽洗脚妹,却做出了震惊整个中国的不寻常的事——用平时攒下的钱捐资助学,帮全国各地几十个贫困学生延续上学的梦想。她说,不想让这些学生像她一样,早早与课堂绝缘。

2010年,她被评为"感动中国十大人物";2011年,她又荣获"全国助人为乐模范"称号。

她是刘丽,中国最美洗脚妹。

贫困折断梦想的翅膀

1995年春节后的一个夜晚,皖北大地笼罩在阴冷凝肃的空气中。阜阳颍上县的一户普通农民家庭里,夫妻俩躺在床上,却久久不能入睡。

泪水渗出眼眶,打湿了头下的枕巾。这对夫妻的大女儿,刚刚离开家庭,与千千万万的农民工一起,坐上开往武汉的火车,开始打工生涯。

无限的愧疚正折磨着这对夫妻,他们刚刚离家的女儿,才14岁。后来,妈妈回忆起当年的情景,还忍不住落泪。"孩子那么一点点大,就要让她出去,我们也是实在没有办法啊。"

颍上县是国家级贫困县。刘丽家境贫寒,兄弟姐妹五个。当父母因为没钱,已经无法再给所有儿女提供学习和生活的条件时,刘丽作为老大,要么回家带弟弟妹妹,要么出去打工,没有第三种选择。

刘丽从小就是品学兼优的好学生。她喜欢读书,但心智早熟的她知道,因为家里穷,学习随时可能戛然而止。刘丽还记得五年级的一次颁奖典礼,她获奖了,但当老师念到她的名字时,她却犹豫着不敢上台领奖。"我那时穿着两只颜色不一样的鞋子,一只是家中姥姥的,另一只是隔壁姥姥的。我怕别人笑话。"

从小就体验贫穷滋味的刘丽,非常理解父母的决定。当父母还在犹豫"要不然让小丽继续读书,后面的孩子就不培养"的时候,刘丽哭着对父母说:"我不读了,我要出去赚钱,让弟弟妹妹们读书。"刘丽想,她是家中的长女,当家里出现困难时,她首先要站出来。

春节后,14岁的刘丽背着简单的行囊,离开了家乡。

14岁出门打工尝尽艰辛

刘丽的第一站是武汉,随后,她又辗转于江苏等地。为了赚钱,她做过服务员,当过保姆,捡过易拉罐,给饭店洗过碗。可是,由于没有一技之长,加之年纪太小,刘丽不仅没法给弟弟妹妹们挣学费,连自己的温饱有时都成问题。漂泊了4年后,刘丽在朋友的介绍下,来到了厦门,希望在这座福建东南沿海城市里,找到自己的幸福。

但生活再次向刘丽展示其冰冷的一面。刚到厦门,没有一技之长的刘丽,甚至连服务员的工作也找不到,只能帮人家揉面做馒头、洗

碗,捡易拉罐,靠这些简单的临时工作来维持生计。过低的收入让18岁的刘丽经常吃不饱,有时只能到庙里蹭饭吃。有一次,刘丽实在饿得受不了,身上却连一顿饭的钱都没有。没有办法,刘丽只得将自己养了多年的长发剪了,卖了30元钱,这才不至于挨饿。为了省钱,刘丽连10块钱一晚的旅社也不住,常常住到桥下或是庙前。

看着城市里衣着华丽的青年男女,望着鳞次栉比的高楼大厦,刘丽心中充满了苦涩:"没有知识,没有技能,真的寸步难行。"但刘丽已经无法再回到从前,重新进入学校读书学本领。在生活的泥沼中,她只能拼命向前。

刘丽长得文静秀气,一双大眼睛明亮有神。有老乡跟她推荐,不如去足浴城,给人做足底按摩吧。刘丽一开始很抗拒:"这叫啥事啊,给人洗臭脚丫子!"可被生活所迫,刘丽最终怀着抵触的心理,走进了厦门市一家足浴城,当了一名洗脚妹。

因为洗脚被赶出家门

刘丽是咬着牙走进足浴城的,她只想赚钱,让自己在厦门生存下去,还能给父母弟妹寄点生活费和学费。但做了一段时间后,刘丽发现,这份工作并不像之前想象得那么卑贱。刘丽说,很多人来洗脚,是真的感觉不舒服了,需要有人来帮他捏捏,让身上舒服一些,睡眠能好一些。刘丽觉得,自己的这份工作,有时候还蛮有意义的。"至少能帮助客人达到放松的目的。"刘丽有时候想,除了没有白大褂白帽子,自己和一些中医理疗师,其实干的是同样的工作。

对工作从抵触到接受后,刘丽开始渐入佳境。她本来就是个认真的人,干什么事都喜欢钻研。虽然每天工作时间很长,强度也很大,但刘丽在工作之余,却不像很多姐妹那样唱歌、逛街,而是把自己关在宿舍里,潜心琢磨按摩的技巧。她在自己的脚部划上各种记号,反复记忆各种穴位,还练习各种手势。一般人得花两个月才能掌握的技巧,

她一个星期就烂熟于心。靠着日益纯熟的手法,刘丽赢得了大量回头客,自己的收入也日渐稳定,每个月能拿到3000多元,这在当时可算是不菲的收入。

刘丽开始履行14岁出门远行时的诺言——寄钱回家。但她没想到,这却给她带来了不小的麻烦。家里人觉得,虽然刘丽挣的钱不少,但靠给人洗脚,这钱来得并不那么正大光明。家里人甚至听到关于刘丽的流言飞语,说以后难找婆家。父母和刘丽发生了争执,甚至放出狠话:"如果不换工作,就不要再回家了。"刘丽感到委屈,她没法说服一辈子困在农村的父母。

但一个偶然的机会,让父母消除了对刘丽的误解。那次,刘丽生病了,父母从老家赶来厦门看望女儿。刘丽便让两位姐妹给父母做一次脚摩。做完之后,刘丽告诉父母,她干的工作跟刚才两位女孩一样,没什么见不得人的。父母沉默了,他们看到刘丽伸出的双手。这哪像一个20多岁青春少女的手,上面有伤口,有老茧,几乎每根手指的指关节都凸出变形。父母抚摸着女儿的手,他们虽然一句话不说,但已经知道,女儿挣的每一分钱,都是靠勤劳的双手获得的。

洗脚妹爱心洒人间

得到父母的理解,刘丽更是全身心地投入到工作中。她每天工作超过10个小时,并仔细钻研业务,没过多久,她就成为洗脚的"高手"。刘丽没有忘记四个弟弟妹妹,她一攒下钱,就会赶紧寄回家。"我吃过没读书的亏,不能让弟弟妹妹跟我一样。"

当弟弟妹妹们都渐渐长大,离开了学堂后,刘丽有了一个新的想法,她要帮助更多贫困学生重返校园,用自己洗脚挣的钱,帮穷孩子延续读书的梦想。刘丽说:"我就是不希望那些想读书又读不起书的孩子,重复我这样的遗憾。"

2002年,刘丽开始将捐资助学的想法付诸实践。起初,她联系老

家颍上县的贫困家庭进行捐助,渐渐地从一次性捐助变成固定捐助。2006年,刘丽又参加了厦门市"春蕾计划",成为来厦务工人员中第一个捐助者,独自资助了8个孩子。

刘丽的义举让姐妹们大吃一惊,很多人不理解刘丽的行为。"洗脚这么辛苦,手都变形了,为啥把好不容易挣的钱,捐给别人。"生活俭朴的刘丽只是笑笑,她的内心非常坚定:"这件事,我一定会做到底。"刘丽将自己每个月的收入分成三块,一小块做基本生活费用,另一小块寄回家乡尽孝心,而最大的一块则捐助给全国各地的贫困学生。

厦门市同安区新民中学的孙婷婷,是刘丽的捐助对象之一。孙婷婷家里很穷,还有一个弟弟。母亲有一天拉着孙婷婷的手说:"你别上学了,出去挣钱给弟弟上吧。"孙婷婷哭了,她不想离开学校。就在这时,刘丽通过别

刘丽与受助孩子及其家人合影

人介绍,了解了孙婷婷所处的困境。她毅然伸出援手,让孙婷婷的读书梦得以延续。有空的时候,刘丽还前往孙婷婷家中,了解婷婷的学习情况。看着孙婷婷成绩单上的"优",刘丽比婷婷还要高兴。

刘丽说,有一次,当她把学费送到一位贫困学生的家里时,孩子的奶奶拉着她的手泪流不止。"她说的方言我一句也听不懂,但她的眼神我能懂。"

在称赞和流言中前行

从2006年起,刘丽通过厦门市妇联在同安一些中小学校展开一对一资助,资助人数从最初的7人,增加到37人。但刘丽仍不满意:

"需要帮助的孩子太多了,我自己收入有限,实在帮不过来。"刘丽开始试着动员更多的爱心人士,加入到捐资助学的队伍中来。

首先从自己的客人开始。身为足浴技师,刘丽每天会接触不少顾客,其中很多人都具备一定的经济实力。刘丽一边认真地为顾客捏脚捶背,一边把失学孩子的情况告诉他们。常常一天下来,刘丽不仅累得双手酸疼,更是说得口干舌燥。但就是通过这种方式,刘丽劝说了不少顾客慷慨解囊,让孩子们得到更多的爱心。

2007年,刘丽经推荐参加厦门市"十佳外来女工"评选,却因为没有高中学历而落选。但是,经当地媒体报道后,她捐资助学的事迹感动了很多人,网友开始亲切地称她为"中国最美洗脚妹"。而对于刘丽来说,出名的最大好处,是更容易取得别人的信任。她开始邀请更多的人,加入到助学公益活动中。她还专门建了十多个爱心公益QQ群,用来沟通和交流。

有一次,刘丽偶遇9岁的女孩黎艳。黎艳患有先天性心脏病,14万的手术费愁坏了打工的父母。刘丽便马上行动,除了自己捐款外,还向网友发出呼吁。很快,刘丽就为黎艳筹集了5万元。

刘丽对那些爱心人士记得很清楚。"有一位企业家,从2007年开始固定资助30名贫困儿童。还有一位打工者夏涛,每月都从收入中拿出一百元,用来捐助儿童。"

刘丽总是谦虚地说:"我自己其实捐的不多,只是帮助大家进行信息中转,出钱出力的都是那些网友,他们才是'最美'的人。"但是,没有刘丽的发起,没有她的坚守,怎么会发展成这么多的爱心小分队,怎么会让爱心在四处开花呢?

不过,刘丽得到的不仅是赞誉,也有误解甚至诽谤。"有人说我有个很有钱的男朋友,有人说我背后有关系。"刘丽平静地说,"其实,我到现在还是在租房,更别提什么后台了。"刘丽坦言,刚开始听到这些流言飞语的时候,心里非常气愤。"现在习惯了,也不在乎了。"

"洗脚妹之歌"响彻中华

流言飞语挡不住刘丽前行的脚步,误解和诽谤也无法阻止爱心之花花开四方。刘丽仍然在为公益事业忙碌着。眼下,她正在忙着租房,准备和几个小姐妹自己开一家足浴店。"我们还想多赚点钱,然后再回馈给需要帮助的贫困学生。"此外,刘丽还在厦门市儿童少年基金会设立了"原乡人刘丽助学基金"。每逢"六一",她都会带上学习和生活用品,专门到偏远的山村看望她资助的孩子。

刘丽无时无刻不在关注那些全国各地的求助信息。2011年10月8日,刘丽通过微博发起募捐:"紧急需要一批冬衣运往贵州,发动一下!大人的小孩的都行,只要干净无破损。"原来,刘丽前不久到北京参加全国道德模范表彰大会,听说贵州毕节地区不少孩子缺少过冬衣物,回厦门后便和其他志愿者发起了这次募捐。

第二天一早,一对厦门夫妇就提着满满两包衣物找到了刘丽:"昨晚连夜收拾了这些衣服,赶在上班前送过来,希望能提供一点帮助。"说完,两人匆匆离去。此时,募捐的消息在网上已转发超过了3000条,刘丽的手机也一直响个不停,不断有人来电咨询。

一位志愿者说:"刘丽已经成为公益慈善的一面旗帜,在她的号召下,素不相识的人聚在一起,让爱心在全社会流动起来,集合成更大的力量。"

刘丽的故事,传遍了大江南北,穿越了台湾海峡。在刘丽给玉树地震灾区募捐冬衣时,台湾词坛泰斗庄奴先生文兴大发,为素不相识的刘丽写下一首《中国的最美洗脚妹》。歌词中写道:

"腊月天,飘大雪,孩子颤抖在雪地里;捐板屋,送棉衣,资助贫困的好子弟。

用爱心,做公益,感动'担当者'协力。社会呀,是一家!动员呀,要有我,要有你……"

(项 磊 撰稿)

吴青山：特困生全国首创爱心学校

吴青山与金晶合影

穷人的孩子早当家。这是《红灯记》里的唱词，说的是出身贫寒的孩子，比其他小孩更早地操持家庭。

一位从金寨山村走出来的"穷孩子"，不仅比其他孩子"早当家"，还用一颗赤诚的红心，帮助了成百上千的家庭。

他是吴青山。2004年，他倡议并发起组建全国首个无偿家教组织——五四爱心学校。8年来，这所爱心学校为2400多位贫寒学子提供免费家教，帮助他们用知识改变命运；8年来，这所爱心学校的志愿者从十几个人发展到几千人，服务范围从芜湖市扩展到全国；8年来，吴青山用执著的追求，诠释了那句经典的歌词——只要人人都献出一点爱，世界将变成美好的人间。

眼睁睁看哥哥因贫退学

金寨，地处大别山北麓，安徽、河南、湖北三省交界处。1984年6月，吴青山出生于金寨青山镇的一个小山村，家境贫寒，父母体弱多

病。40平方米的草屋、几亩薄田,就是他家全部的资产。清贫的家庭环境并没有抹杀吴青山和哥哥对知识的渴求。比吴青山大两岁的哥哥,学习特别努力,成绩一向很好。中考的时候,哥哥发挥非常出色,拿到了全县第二名,省重点学校已经向他发来了录取通知书。可是,当哥哥拿着成绩单高兴地回家时,迎接他的却是父亲愁苦的眼神——贫穷的家已经无法为哥俩同时提供学费了。

谁继续读书,谁离开校园。十几岁的小哥俩,面临着成年人也难做决定的艰难抉择。父亲在一旁默默地叹着气。年纪小的吴青山又哭又喊,他不想告别学校,离开同龄的朋友,小小年纪就去陌生的城市做工。哥哥看着父亲和弟弟,一句话没说,眼泪无声地划过脸庞。

哥哥退学了。满怀失望和无奈的哥哥,擦去眼泪,踏上远行的列车,开始了艰辛的打工生涯。那个落寞的瘦弱背影,吴青山至今难忘。

跟哥哥比,吴青山是幸运的,在二选一的选择中,他得到了继续学习、改变命运的机会。从此以后,吴青山把全部时间和精力,投入到学习中去。哥哥用一生的命运换来的机会,决不能浪费。因为这样的经历,吴青山早早就体会到,那些贫困的孩子对未来有着怎样强烈的憧憬,而贫困的环境,又带给这些孩子多少的无奈。

"如果有机会,一定要尽我所能,帮助那些好学却无奈的孩子。"一颗爱的种子在年少的吴青山心中渐渐萌芽。

大二创办五四爱心学校

告别了中学时代,吴青山终于走出了大山,来到了长江岸边美丽的芜湖,就读于安徽师范大学。同学们一边努力学习文化知识,一边尽情享受着大学生活,挥洒澎湃的青春。吴青山一直听到来自内心深处的声音:"有什么途径,可以去帮助那些和你相同命运的孩子?"有一次,吴青山和同学胡鑫无意中聊起这个话题,吴青山惊奇地发现,胡鑫跟他有着同样的想法。吴青山感到很温暖,在未知的路途上探索,有

个志同道合的同伴是多么令人振奋的事啊。

一个偶然的机会,吴青山了解到,芜湖市一些老旧小区里有很多特困、单亲家庭,孩子们的学习普遍跟不上。"他们虽然不在大山里,但同样面临困难,如果能用自己的知识去帮助他们提高成绩,该有多好。"吴青山激动起来,立即开始着手联系社区。

2004年12月11日,吴青山永远记得这一天,天空阴沉沉的,淅淅沥沥地下着雨。吴青山的心情却异常兴奋,上午7点,他和十多位志愿者一起,搭车前往联系好的社区,开始了第一堂免费家教课。从此,国内首家无偿家教组织建立起来,志愿者们利用周末和假期,一对一地帮助城市贫困学生。

吴青山希望,这样的家教不是一阵风,而要一直坚持下去,因此,他专门取了一个名字——五四爱心学校。吴青山告诉自己,一次两次献爱心容易,一年两年很难。"我一定要坚持下来,绝不半途而废。"

"只剩一个人,也要坚持"

吴青山的思虑不是没有道理。刚开始的时候,他们就被人怀疑,所谓的免费家教,只不过是个花架子。吴青山说,当时去联系社区时,受到的怀疑远多于赞许。"有的社区说话很难听,说你们大学生就会摆花架子,搞活动,不就是拉个大旗,拍几张照片,没几天就走了。"吴青山很难过,那时候,几乎没人相信他们能一直干下去。

难过归难过,吴青山告诉自己,要用实际行动改变人们的误解。可是,他自己的坚定并不能代表整个家教队伍。起初,加入到爱心学校的同学们,凭着一股新鲜劲,干得热火朝天。可时间久了,有的志愿者就坚持不下去了。吴青山理解这些选择退出的志愿者。"周末,一般人要么休息,要么勤工俭学,要么参加各种各样的活动。但志愿者们要放弃赚钱的机会,还要备课、印材料、自掏路费上门服务……有一些动摇在所难免。"

实际上,吴青山自己也曾退缩过。那是2005年冬天,一个雨雪纷飞的寒冷早晨。已经好几个周末都没有休息的吴青山赖在温暖的被窝里不想起来,他试着说服自己:"这个天气,助学稍微晚一点,应该没多大关系吧?"可是,等吴青山抵达集合地点时,看到所有的志愿者都在等着他带队。而当他们匆匆赶到社区时,发现所有的学生已经在整齐地等候,一个不少。因为天冷,一位家长还专门烧好了开水。这位家长说:"这么冷的天,你们大学生真不容易,我也没什么东西可送,就烧点水吧。"

吴青山的心里五味杂陈。他既为自己的偷懒而愧疚,更为学生期待的眼神而感到振奋,他暗下决心:"就算只有我一个人,也要坚持下去。"之后,吴青山所有的周末,都在社区里度过,寒来暑往,他从未缺过一堂课。

吴青山的行为也感染了同伴,大多数人选择坚持下来。而因为这份坚持、这份感动、这份承诺,五四爱心学校的助学活动从未间断过。

自掏3000多元维系爱心

为了让五四爱心学校运行下去,吴青山把所有的时间和精力都投入到学校和社区里。他一边招募志愿者,一边扩展义务家教的范围。吴青山牢记着爱心学校的宗旨:"为那些特困家庭子女送去免费的家教服务,让那些因经济原因请不起家教的贫困学子同样能拥有一份家教。"

两年过去了,五四爱心学校茁壮成长,已经从一个教学点发展到七个教学点,分布在芜湖市的各个区域。吴青山算了算,共接收了来自各类贫困家庭的267名学生,志愿者队伍也从70多人增加到2000多人,而参与授课的志愿者达500名之多。

爱心学校的组织和制度也更为完善。胡鑫负责外联和宣传,吴青山负责志愿者的招募和日常的教学工作。首先,吴青山要和社区取得

联系。然后,要对受助学生的成绩和心理进行摸排。他说:"我们是一对一教学,所以,志愿者上课之前,都得对受助学生有个初步的了解,这个工作我们要提前做好。"因此,吴青山不得不一次次地走进学生家里,了解情况,做好记录。最后,他把志愿者分组,带往各个教学点,安排好一对一教学。

随着爱心学校日渐扩大,这个只有20岁出头的本科生的事务也越来越多,功课不免落下。吴青山咬着牙,夜里加班补习,常常精疲力竭地伏在桌上睡一夜。

经济也是吴青山要考虑的问题。当时,五四爱心学校没有接受任何组织和个人的捐助,学校和政府拨给的经费也是杯水车薪,大部分运营经费都得吴青山自己承担。有人给吴青山算过一笔账,爱心学校成立以来,他自己掏了至少3000多元,用于维系爱心。为了省钱,吴青山几乎从不打车,他把芜湖大街小巷的公交站牌烂记于心。为了省钱,他每月仅留最低生活费,常常以速食品为食,其他打工所得和奖学金,都拿来贴补爱心学校。

每一份感谢都是一件珍宝

让吴青山费尽心思的五四爱心学校,到底给孩子们带来了什么?这不仅是外界对吴青山的疑问,也是吴青山时时刻刻对自己的追问。

他说:"最重要的,是给予他们关爱和信心。"吴青山清楚地记得,有一位后进生,家里很穷,养成了自卑的性格,陷入了"越自卑、越厌学、更自卑、更厌学"的恶性循环里。吴青山知道,对于这个孩子,最关键的不是教给他知识,而是给予他关爱和信心。于是,吴青山对他讲自己的故事,相似的遭遇让这个孩子产生了共鸣,他们成了朋友。后来,这个解开心结的孩子,成绩突飞猛进,进入了班级的前几名。

吴青山经常跟同伴们分享这个例子,大家都认为,帮助穷人家的孩子,要把知识的传播和心灵的疏导结合在一块。只要打开了孩子的内心，让他们摆正学习态度，自然就能提高学习成绩，进而全面成长。

胡鹏飞的成长，佐证了这一点。在社区组织的演讲比赛上，奶奶简直不敢相信自己的眼睛，一贯内向的胖小子胡鹏飞，竟然也走上了讲台。"平时他可是闷吞吞一声不吭啊。"胡鹏飞的演讲，解答了奶奶的疑问。"长大了，我也要当一名教师，把爱心学校老师们传给我的爱，传递给更多的人。"是爱的钥匙开启了胡鹏飞的心门。

芜湖市镜湖区初一学生李慧，父亲身患残疾，平时都挂着拐杖，家里很清贫。妈妈总感觉对不起小慧。"家庭这情况，

吴青山和爱心学校的孩子们在一起

导致孩子性格非常内向。"爱心学校的志愿者们走进这个家庭以后，小慧的性格渐渐开朗起来，成绩也有了明显的提高。以前对未来缄默不语的李慧，现在会很坚定地说："我的目标就是考上大学。"

8年来，像李慧、胡鹏飞这样的受助者，可以说不计其数。而五四爱心学校的爱心，也从芜湖飞向了全国。2011年暑假，五四爱心学校动员一千多名大学生志愿者走进农村，深入社区，支教惠农。云南腾冲明光乡小学生麻爱凤给爱心学校寄来感谢信："我是一个生活在边远小山村的孩子，我想读书，很想，很想！……就在我最需要帮助的时候，爱心学校的老师伸出了援手，我一定不辜负你们的期望，更加努力地学习。"

吴青山珍藏着每一封书信、每一分感谢，这是他和志愿者们的精神支柱。

志愿者给力,爱心永流传

2009年,吴青山又发起成立了"五四爱心基金",资助贫困学子。而经过多年的努力,五四爱心学校和吴青山已经成为当代大学生奉献爱心、服务社会的一个生动符号。荣誉接踵而至。吴青山先后被评为助人为乐"中国好人"、"安徽省十佳青年"、"安徽省五四青年奖章"获得者、芜湖市第一届"十大平民英雄"等。2010年5月3日,吴青山被共青团中央、全国青联授予第十四届"中国青年五四奖章"。

面对荣誉,吴青山保持着一贯的淡然和冷静。他说,所有这些荣誉,都是属于爱心学校全体志愿者的。"我只是替大家把奖项领回来。"吴青山说,如果没有无私奉献的志愿者,成百上千的贫困孩子们不可能得到体贴入微的帮助,五四爱心学校的精神也不会传承到今天。

章磊、丁黎、宛婷、蒋诗军、刘建全、陈晨、王亚周……这些五四爱心学校曾经的校长们,都随着学业的结束,离开了学校。但五四爱心学校却没有随着某个人的离去,而失去其闪烁的光华。每一个进入五四爱心学校从事志愿服务的志愿者,都会被"爱心、奉献、坚持"的理念所感染,并继续传承下去。

在吴青山大学毕业前,为了让爱心学校一直做下去,他和志愿者们探索了一条竞选机制——每年竞选一名理事长,使社团负责人能通过公平公正的方式竞选出来。这样,公益事业也能做到"铁打的营盘,流水的志愿者"。

2009年,吴青山考上母校对外汉语教学方向研究生。回校后的第一件事,吴青山就是重回五四爱心学校,重新成为一名普通的志愿者。他欣喜地看到,五四爱心学校已经不再是一个志愿者组织,而是一个运转良好、可持续发展的爱心平台。

(项　磊　撰稿)

刘氏四兄弟：打通北川"生命线"

青山巍峨，白云缭绕。2009年5月9日上午，四川省北川羌族自治县贯岭乡，不寻常的气氛在小山村里渐渐扩散。村民们三三两两地聚在村头的路口，眺望着远方，等待贵客到来。

上午11时许，一列车队从远处开过来，待车停稳，走下四位壮实的汉子。路口的人群开始躁动，穿着喜庆民族服饰的女人们迎上前去，献上鲜艳的羌红和甘美的青稞酒。四位汉子身上斜系代表吉祥的羌红，大口喝

四兄弟赢得北川人民的尊敬

着甜美的青稞酒，看身前的人们载歌载舞，沉浸在羌族人最高的欢迎仪式中。

这四位贵客，就是安徽怀远县马城镇农民刘兆水、刘兆本、刘兆钢、刘兆安四兄弟。在北川羌族同胞心中，他们是救命的恩人。

地震三天后急赴灾区

时间回溯到2008年5月12日，那个令国人心碎的日子。14时28分，汶川剧颤，新中国成立以来破坏力最大的地震撼动了整个中国。刹那间，山崩地裂，家破人亡，风云变色，草木同悲。

远在安徽的刘兆水是晚上7点才知道四川地震的。他和三位兄

弟都是农民，靠勤劳的双手和敏锐的头脑走上了修路、造桥的致富路，还开了一家路桥公司。5月12日，刘兆水谈拢了一份三千万元的单子，他准备当晚去北京与客商签约，火车票已经买好了。

晚上7点，刘兆水打开家里的电视，才知道四川出了事。新闻里播出的一幕幕惨剧，深深地刺痛了刘兆水的心，他落泪了："同胞遭此大难，我能做些什么？"正在焦虑万分的时候，刘兆水突然听新闻里说，灾区急缺大型机械设备，用以打通、抢修道路。一个想法猛地蹦进刘兆水脑中——我们公司不就有挖掘机吗，要不开到灾区抢险去？

四十多岁的刘兆水坐不住了，他顾不上千万合同，连夜召集家庭会议，商量到四川的事。他的想法得到三个弟弟的大力支持，甚至70多岁的老父亲也要求一起去灾区。不过，考虑到父亲年迈，他的申请被驳回。家庭会议最后达成一致，四兄弟一起上前线，一个不落。

第二天四人分头准备。刘兆水负责联系四川方面，他打了整整一天电话，才与四川省抗震救灾指挥部取得联系。指挥部听说他们有大型挖掘机，便让他们到受灾最严重的北川地区去。

经过两天的紧张准备，5月15日下午，刘氏四兄弟和八位挖掘机驾驶员，开着三辆越野车和两台装载特种挖掘机的卡车，踏上了前往北川的千里征途。这两台挖掘机都价值400多万。其中一台，还是华东地区唯一的车型，一次能挖五立方米土方，百余吨的巨石不需要破碎，直接就能移走。

没有出发仪式，没有鲜花和掌声，气氛稍显凝重。新闻披露，汶川灾区已有百余名道路抢修人员被滑坡的山体掩埋，抗震路上危机重重。12个人都新买了人身保险。公司还承诺，一旦发生意外，每人除保险外，还将得到20万元的补偿，公司将抚养遗孤到18岁。

车队一路开过合徐高速、南洛高速、连霍高速、京昆高速。一路上的收费站、加油站的工作人员，听说他们是去四川抗震救灾的，都尽可能提供方便。刘氏四兄弟感受到，在天灾面前，全国同胞众志成城。

陈家坝乡首战告捷

经过近30个小时的日夜兼程,四兄弟终于在5月17日凌晨抵达四川绵阳灾区。顾不上休息,四兄弟立即向指挥部"请战"。他们随即被派往北川县陈家坝乡。

北川羌族自治县是绵阳市所辖的一个自治县,也是中国唯一的羌族自治县。在汶川大地震中,北川是受灾最严重的区域之一,伤亡惨重,县城被夷为平地。北川境内的道路,大多在地震中因山体滑坡完全中断,很多路面出现严重沉降,救援车队根本无法及时进入灾区。

陈家坝乡受灾也极为严重。70%左右的村民房屋被毁,6个村的山体整体垮塌。更要命的是,道路损毁严重,陈家坝乡通往县城的主干道中断,让乡村成为震区"孤岛"。怎么救治乡里的伤病患者,怎么将食品和水运进乡里维系灾民生活……首先,得把路打通!

四兄弟驱车赶往陈家坝。一路上,大雨倾盆,山体滑坡,路面坑坑洼洼,无一不在阻碍这些安徽勇士前进的步伐。但即便如此,四兄弟还是在17日夜里10点左右抵达了施工现场。顾不上喝口水,抢险队就投入了战斗。因为主干道上的一座桥梁坍塌,他们必须在旁边修一条200多米的便道。

天越来越黑,雨越来越大,人越来越乏。远处,山体崩塌的轰鸣声不绝于耳,余震频频,险象环生。大家已经置生死于度外,心里只有一个念头:一定要早些把路打通,让救援部队早些进村。

18日凌晨3点左右,雨停了,便道也终于打通了。早已排队等候的救灾车辆陆续通过便道,将希望带进陈家坝乡,站在一旁的四兄弟笑了。他们这才感到有些饿,于是拿出方便面,就着矿泉水,胡乱地填饱肚子。

来不及喘息,四兄弟又接到了新的任务,打通105省道曲桂段。这段路有一处严重塌方,长度接近1公里,而且余震不断,其他路段也

时有塌方。现场一位当地工作人员沮丧地说:"太难了,没两三个礼拜时间,不可能打通。"

这位工作人员低估了四兄弟的决心和特种挖掘机的先进。四兄弟仔细地勘察了现场,根据地形地貌和机械的性能,紧急制定出施工方案,并立即开工。"拦路虎"是如此之大,整块整块的巨石躺在路面上,有的甚至有上千吨重。18日晚,一台挖掘机因负荷太大,一根油管爆裂。四兄弟立即派人驾车回绵阳市维修,第二天凌晨又回到现场继续施工。

经过两天的战斗,凭着多年来积累的施工经验,四兄弟带着抢险队,终于在19日将道路打通了。北川县交通局局长程波在查看了施工情况后,不禁感慨:"你们来灾区,是真干实干,我代表灾区人民谢谢你们,谢谢蚌埠人!"

刘氏四兄弟名扬北川

连续打了两个漂亮仗,四兄弟能"啃硬骨头"的名声在北川迅速传开了。新的任务又落在他们肩上。这一次,他们面对的敌人,不仅有山石,更有洪流。105省道上的一座桥梁被泥石流全部冲毁,缺口达800米。要想通车,必须修建便道。施工队夜以继日地干起来。等到将工程推进到400米的时候,四兄弟又接到了新的指令,疏通陈家坝乡三涧湾堰塞湖。

堰塞湖是指山崩、土石流或熔岩堵塞河谷或河床,储水到一定程度形成的湖泊。堰塞湖构体因为受到冲刷、侵蚀、溶解、崩塌等作用,会出现"溢坝",最终会因为构体处于极差地质状况而演变为"溃堤",瞬间引发山洪暴发,对下游地区造成毁灭性破坏。

在堰塞湖畔施工,比在滑坡的山体边危险更大。一旦操作不当,影响了湖堤,发生溃坝,洪流将把人和机械一起冲走。但四兄弟没有一丝犹豫,立即奔赴现场。即便已经考虑到诸多困难,四兄弟到现场

后,还是被眼前的情景震住了。泥石流覆盖了堵塞湖水的山体,上面全部是烂泥,挖掘机要挖到4米深,才能碰到硬石,而车子时刻都可能陷入烂泥中。这样的施工困难超过了四兄弟以往所有的经历。

"决不放弃!"刘兆水给大家开动员会,"堰塞湖下游有没有倒塌的房屋,有没有收割的农作物,如果湖破了,房屋和农作物都会被冲毁。我们一定要啃下来,减少灾区百姓的危险。"施工队团结一致,克服重重困难,终于圆满地完成了任务。

四兄弟辗转灾区,四处救险,很少有时间和千里之外的家人联系。即使有时候想打个电话报平安,却发现手机没有信号。刘兆水常常看着手机上孙子的照片,在紧张的抗震救灾中寻找片刻的轻松。他说,等孙子长大了,我一定要告诉他,在新中国最具破坏力的地震发生后,他的四个爷爷都到了灾区,都到了随时可能发生危险的地方。"我想告诉他,国家到了危难的时候,你就得奋不顾身地上。"

刘兆水没有想到,他们在灾区的工作才刚刚开始,更大的挑战和荣誉正在青山环绕的贯岭乡等待着他们。

五天打通"生命之路"

5月22日晚,正在施工的四兄弟,又接到了新的任务,打通北川县娅都公路。这条公路是贯岭乡、白坭乡和都坝乡通往外界的唯一通道,但由于山体滑坡,道路毁损严重,有近4公里路段完全被掩埋,或因塌方中断。因为"生命线"瘫痪,三个乡镇的11000多位居民已经被困在震中"孤岛"10天,生活难以为继。

灾情就是命令,施工队带着机械,艰难跋涉了7个多小时,费尽周折抵达现场。终于盼来救星的贯岭乡党委书记王辉焦急地说:"所有的生活必需品,都靠这条路来运输。因为路断了,只能空投,或靠解放军肩背进村。但杯水车薪,送进村的物资远远不能满足灾民需求。"王辉说,雨季就要到了,如果不能储备足够的食品药品,乡里的居民生活

不可想象。

听了王辉的话后,四兄弟二话不说,立即组织施工。但现场的情况,给了他们当头一盆冷水。路的一边是百米深渊,一边是千米悬崖,前方则是坍塌的巨大山体,而且余震不断,落石不绝。施工机械只能在狭促的区域"辗转腾挪",稍有不慎,就可能机毁人亡。当地人告诉四兄弟,先前有多个施工队来过,但看过现场后,都摇摇头离开了。

刘兆水想起了《亮剑》里的李云龙,一股勇往直前的英雄气概油然而生:"里面有一万百姓,我们必须留下来,不打通绝不走。"他和兄弟刘兆本先顺着破裂的山脊全面察看了现场,制定出详细的方案。

惊险的施工正式开始了。刘兆水还记得5月25日的下午,震后最大的6.4级余震将峭壁上的沙石震得"哗哗"作响,轰隆隆地滑落下来,滚入另一边的深谷。施工队被迫停止施工,撤出危险区域。但余震刚过,他们就返回现场,继续操作起来。

27日中午,经过5天的艰苦抢修,经过数十次的山石爆破,四兄弟终于带领施工队,将娅都公路打通了。救灾车辆满载着粮食和药品,源源不断地开进深山。一万多名老百姓的生活终于得到保障了,大家将这条路称为"生命之路"。而率队打通生命线的刘氏四兄弟,成了当地百姓永远铭记的恩人。

之后,刘氏四兄弟又在灾区参加了多次抗震抢险,他们利用自己独有的特种机械,总是出现在最艰难的路段。据不完全统计,他们总共打通道路30多公里,开挖土石超过34万立方米。老百姓感动了。有人拿出家里舍不得吃的腊肉,硬塞给四兄弟。有人步行五公里上山,找干净水源要给他们洗衣服。而解放军看到四兄弟头枕矿泉水睡在路边时,专门让出一个帐篷,给他们休息。

刘兆水说,在灾区,真正感受到"一方有难,八方支援",真正让人体会到情比血浓的同胞之情。

感恩之心让世界更美好

时间来到2009年5月9日。

看着贯岭乡里正在施工的新民居,看着村民们脸上渐渐露出的笑容,四兄弟放心了。刘兆安说:"我们这次回访北川,就是想到去年抗震抢险的地方去看一看,看看我们疏通的道路,看看帮助过的人现在过得怎么样?这是我们弟兄几个在家时常牵挂的事。"其实,即便回到安徽,四兄弟对灾区的援助,始终没有停过。2008年10月,他们为灾区捐赠价值6万多元的棉被,帮助灾民过冬。此外,他们还给贯岭乡小学捐助了2万多元,以及大量学习用品。

灾区百姓也没有忘记四兄弟。贯岭乡乡长杨顺清说:"我们特地穿上了羌族传统服装,以羌族礼仪欢迎贵客,表达我们的感激之情,感谢刘氏四兄弟!感谢安徽人民!"一路上,"热烈欢迎安徽蚌埠抗震救灾刘氏四兄弟"、"刘氏兄弟情温暖灾区人民心"、"刘氏好兄弟 贯岭人民感谢您"的横幅,更是让四兄弟感动不已。

四兄弟和羌族同胞合影留念

史籍记载,北川是古代治水英雄大禹的出生地,称"神禹故里"。传说大禹治水南下淮泗,在怀远县境内涂山地区娶涂山氏女为妻,并生启。至今,怀远境内仍保存有禹墟和禹王宫。当年,北川出生的大禹到怀远治水;现在,怀远四兄弟千里奔赴北川救灾。

只要有感恩的心,这样的巧合将在历史的长河中永远延续。

(项 磊 撰稿)

陈万霞：阳光照在留守儿童的心上

陈集镇大魏村地处肥东县最东北，是合肥市最偏远的一个村庄。

安徽省委常委、合肥市委书记吴存荣看望陈万霞

在全村低矮的平房中间矗立着一栋黄色的三层小楼，分外显眼，这栋楼就是阳光小学。虽然学校设施简陋，但在村里人看来，这所学校承载了太多人的希望。作为全国首所民办非营利性寄宿制学校，阳光小学主要针对村里的留守儿童这个特殊群体进行社会、学校、家庭三位一体教育。从最初的举步维艰，招生仅几十个人，到如今的三百多个学生，学校的办学模式越来越被认同，并成为留守儿童教育的范本。43岁的校长陈万霞，一路辛苦走来，将全部心血都投入到阳光小学，被学生们亲切地称为"老师妈妈"。

一份责任：放弃优越条件返回家乡

齐耳的短发，利落精干，43岁的陈万霞小小的身躯里似乎蕴藏着无穷的能量。2005年，她所在的大魏村村小撤并到陈集镇中心小学，在村里当了20多年老师的陈万霞来到了县城一家培训学校工作，凭借扎实的工作，她做到了学校教导处主任的职位。

一个周末,陈万霞回村里办事,所见所闻让她心里像打翻了五味瓶。由于村小被撤并,村子里的孩子们必须要走几个小时的路程到镇中心小学上学,而且由于中心小学没有寄宿,每天孩子们要往返几个来回,甚至发生过上学途中学生掉进水塘的险情。

大魏村所在的陈集镇位置偏僻,各村的青壮年劳动力大多外出打工,村子里老的老、小的小,村里的孩子中留守儿童占了大多数。爷爷奶奶能照顾好孩子的生活已经很不错了,基本谈不上教育孩子,村子里的留守儿童多处于"放羊"的状态。

看在眼里,急在心里。考虑再三,陈万霞做出了一个决定:放弃在县城的优越工作,返回家乡创办一所针对留守儿童的寄宿制学校。"我当时的想法是,在哪儿教书都一样,农村的这些留守儿童更需要我,这更显得出我的价值。"她做通了家人的工作,毅然决然地回到农村,在原先废弃的村小基础上开办了阳光小学。

一份操守:决不放弃任何一个孩子

留守儿童和父母一般只有过年的时候才能见上一面。为了省下路费,有些家长甚至几年才回家与孩子见一次面,留守儿童长期缺乏父母关爱,容易变得内心封闭、脆弱、敏感。"关爱他们,走进他们的内心世界,比单纯教授知识更重要。"这是陈万霞的教育观念。

陈万霞设立了一个"阳光信箱",让孩子们把写给远方父母的信投进去。在信里,孩子们吐露了自己的心声,平常不愿提起的事情在书信里得以表达。这些信里,充满了对父母的思念,有时甚至是埋怨。陈万霞将孩子们的这些信件,通过各种渠道,千方百计地转交给远在他乡的家长们。

对于学校里身世特殊的留守儿童,陈万霞则更是给以母亲般的关怀。陈冲是阳光学校五年级的学生,妈妈在生他时死于难产,爸爸重新组建家庭后与继母远去江苏打工,除寄给他一些生活费外很少回来，家里只剩下陈冲与85岁的爷爷相依为命。亲情的缺失让这个孩子性格内向、沉默寡言，却也心思细腻。为了不让爷爷洗衣服的时候冻手，他用自己省了几个月的零花钱，给爷爷买了一双胶皮手套；家里珍藏着20多双崭新的布鞋，陈冲时不时拿出来看看，这是他的母亲在怀他时缝制的。

对于这一切，陈万霞都看在眼里。"这个孩子听话懂事，但性格内向，不愿与人交流，要让他走出来，走出对母亲的怀念。"当在"阳光信箱"里发现陈冲写给已经去世的母亲的信时，陈万霞内心久久不能平静。为了帮助陈冲走出心灵的阴影，陈万霞提出要做陈冲的干妈，用自己的呵护弥补他缺失的母爱。陈万霞时不时给陈冲买好吃的零食和好看的衣服，还带陈冲到自己家过周末。一段时间下来，陈冲明显开朗起来，脸上的笑容也多了。

陈万霞和她的孩子们在一起

"不放弃任何一个孩子！"这是陈万霞的原则。她说："培养一个学生是否成功，不能单纯看他是否考上了名牌大学，而是要看他是否成为一个人格健全的人，一个合格的公民。"陈万霞记下每个学生的生日，然后在每个月末为这个月过生日的孩子们举办一场集体生日会。生日会上，孩子们围坐在教室里，吃陈万霞买来的蛋糕，看台上同学们自编自导自演的各种小节目。

一份坚守：倾全家之力奉献教育事业

陈万霞创办的阳光小学是非盈利性的，考虑到留守儿童家中都不富裕，陈万霞只是象征性地收取很低的生活费。

为了让学生们有一个好的学习环境，她将家里的积蓄拿了出来，建造了如今村里最好的"建筑"——三层黄色教学楼。开学的第二年，陈万霞的父亲把家中仅有的两头耕牛卖掉，用来给学生购买课本。每隔半个月，阳光小学的孩子们就会回家过周末，为此陈万霞学了驾照，又借钱买了校车，用以接送孩子们。不仅如此，陈万霞还动员丈夫钟志球到学校当义工。由于没有淋浴设备，每次钟志球都要用厨房的大锅烧水给孩子们洗澡，他还一个个地给孩子们搓背，几百个学生，三四个小时才能洗完。不仅如此，钟志球还承担着给孩子们洗衣服、做饭、打扫卫生的重任。

陈万霞将全部精力都投入了阳光小学，对学生们真挚的关怀换来了"老师妈妈"的称号。而对自己儿女，她心存愧疚。女儿考高中时，正是阳光小学创办之初，陈万霞吃住都在学校，没有精力照顾女儿，无奈之下女儿只得上了一所民办的寄宿制学校。

但是儿女们并没有埋怨母亲，他们认为母亲正在做着一件伟大的事情。2012年，好消息传来，陈万霞的一双儿女在高考中都以优异成绩考上了一本院校。"是母亲的精神鼓舞着我们，我们不能给她丢脸。"

一份收获：留守儿童教育的典范

教育界人士认为，陈万霞创办的阳光小学在留守儿童教育上功能性突出，承担了重要的社会责任，具有重要的示范作用。据了解，我省1600多万未成年人中，有400多万留守儿童。青少年阶段是人格塑造的最重要阶段，也是价值观形成的阶段，如果留守儿童得不到良好的

教育和引导,就非常容易出现偏差。合肥市教育部门正以阳光小学为样本,加强留守儿童教育工作,在全市范围内加大寄宿制学校的建设力度,尤其是偏远农村地区的寄宿制学校建设。

陈万霞的"心灵教育"也被认为是平民教育的典范。"这是一种先进的教育理念,合肥市民素质的提高不取决于考上多少个清华北大,而取决于那些从学校输送到社会的合格公民。"安徽省委常委、合肥市委书记吴存荣高度评价了陈万霞的教育理念。

虽然条件简陋,但阳光小学的学生多次在乡、县、市获奖,阳光小学也被评为"省级优秀学校"候选学校。陈万霞本人于2012年6月被评为助人为乐"中国好人"。

(赵乾坤　撰稿)

诚实守信
CHENGSHI SHOUXIN

诚信不需要多高的文化，不需要多强的体魄，需要的就是凭良心做事。只有诚信的花朵绚丽绽放、社会的互信体系成功构建，我们的道德才不会迷失，心灵的星空才会灿烂。

李 彦：想让更多人远离毒品

"看电影咯！"每当这样的吆喝声响起，年近半百的李彦心里就会涌起一阵激动。

其实他看过很多场电影，甚至每一部电影都看过很多遍，电影对他来说根本不

李彦在放映电影

是什么稀罕物，因为他干了三十多年的电影放映员，如今依然在这个行当里。

然而从2000年开始，他的电影放映工作发生了变化，竟然跟宣传禁毒扯上了关系。

10年来，李彦和爱人陈红，这对普通的农民夫妻，足迹遍布宿州各县区的103个乡镇和12个街道办事处，义务放映禁毒影片达2000余场，摆放禁毒展板6100余次，散发宣传资料8万余份。期间，他们还远赴河南驻马店、周口等地，放映禁毒影片达240余场。这些枯燥的数据，就是对李彦禁毒宣传工作最生动的诠释。

鉴于李彦的辛勤付出，2008年，国家禁毒委员会授予李彦"全国禁毒先进个人"称号，李彦还作为皖北地区的唯一代表获安徽省禁毒委"江淮禁毒公益先锋"殊荣。2012年，李彦入选诚实守信"中国好人"。

面对诸多荣誉，李彦很是淡然，在他看来一切都归功于两点：一是

热爱电影,二是憎恶毒品。

在这种大爱和大恨的交织下,李彦既成就了自己对于社会的一份贡献,也担当起了一个普通公民的责任。

从小对电影充满热爱

李彦的家在宿州市埇桥区栏杆镇,上世纪 70 年代的时候,那里很多的乡村都没有通上电,更别提看电视等娱乐活动,人们的业余生活很是单调。于是看一场露天的电影,便成了全村老小最盼望的事情。

那时的李彦才八九岁,作为家里唯一的儿子,他很受父母的宠爱。"当时我父亲在镇上当个小领导,他跟放电影的杜师傅很熟,我就跟着杜师傅走村串巷地看电影。"也就是在那个时候,电影放映员这个职业走进了李彦的心里。

那个年代,看电影是乡村里的大事情,电影放映员的待遇也不错。如果要放电影,头一天,村里就会派人用板车把放映机拉到村里来,不用放映员自己搬运。村民的热情更高,所以露天电影放映地,一定要选村里或镇上空地最大的地方,比如镇政府门前。李彦清晰地记得,有一次看电影的时候,跟他同龄的一个小孩硬生生被人流挤到水井里去了。

李彦说,自己小时候印象最深的一部电影叫《卖花姑娘》,是和母亲一起去看的。看完了之后,他又坐在杜师傅的车子后面,去别的村子把这部电影再看一遍。"不仅小孩,很多大人也宁愿跑上十里地,其实看的还是同一部电影,几遍下来,很多台词人们都会背了。"

在李彦 17 岁那年,他的父亲看到儿子那么热爱电影,便出了 1000 元,和另外两家合伙购买了一台电影放映机。在经过专业的培训之后,李彦成了栏杆镇文化站的一名电影放映员。

关于那段记忆,李彦很是感慨。那时候是 16 毫米的胶片电影,一卷胶片只能放 25 分钟,而片长常常有一两个小时,因为拷贝少,若两个村子同时放一部片子,一卷胶片放完了,就要有人骑车赶赴另一

村子传递胶片,这中间就有了等待的时间。

"人们也不着急,聊着天。遇到村镇之间远的情况,往往一部电影还没有看完,天就亮了,大家只能等着夜幕的再度降临。"

一度脱离了放电影的行当

经过李彦的手,人们看到李连杰的武打片《少林寺》、见证《芙蓉镇》中刘晓庆和姜文的配合……

从1981年入行,到1986年离开,李彦说自己经历了露天胶片电影市场由盛转衰的一个时间段。

"在1983年,很多地方就通了电,人们买了电视机,业余生活也丰富了很多。"再加上包产到户之后,村里拿不出钱来放电影,李彦的工作量也大大减少。

1986年,李彦在家人的催促下恋恋不舍地离开了心爱的电影放映机,投奔舅舅,在南京做符离集烧鸡生意。

在南京的四年时间里,李彦省吃俭用,攒点钱就去电影院看电影。"每次看到银幕上人动起来,心里就特别开心,想着当年我也是站在放映机后面的那个人。"

从南京回来之后,差不多有十年的时间,李彦都呆在自家的镇上。没有人放电影,自然也没有大家聚在一起看电影的景象。在李彦的记忆中,那些伴随自己成长的经历时隐时现,而《地道战》《董存瑞》这些电影里的每一句台词又是如此清晰。他在想:是不是还有人心中和他一样有着电影情结?

2000年,国家广电总局农村电影放映"2131"工程启动。为了丰富农村居民的精神文化生活,保证他们每月能看上一部电影,栏杆镇文化站的领导找到了李彦。他们说:"你之前有放映技术,又喜欢电影,要不还是回来干吧,放电影给大家看。"这个提议让李彦欣喜不已,他放弃了手中的生意,又开始走村串乡放起了电影,续上了电影放映的梦。

经过了十多年的发展,李彦当年的那个放映机已经不能用了,取而代之的是一个崭新的放映机。照胶片的灯泡也从 250 瓦变成了 400 瓦,胶片的清晰度也高了很多。

重新回归这个行当,李彦发现依然有成百上千的人围坐在银幕的周围。这让他深信,露天电影依旧是个吸引眼球的宣传渠道。

一件事情让他痛恨毒品

电影放了差不多半年时间,李彦的爱人陈红也加入进来,两个人可以互相照应。

李彦说,为村里人放电影依旧是免费的,为了生计,李彦想到拉广告,即在电影开播之前,在前面放一段广告片,这样既为企业做了宣传,也能维持自己日常的开销。

李彦认识不少生意场上的朋友,这其中有一位做服装生意的老乡。"他生意做得大的时候,家里光房产就有好几处,人平常出来的样子也显得特别光鲜。"李彦说,他印象最深的,就是那个人很喜欢用摩丝把头发弄得非常光亮,衣服也穿得十分体面,当地人都很羡慕他。

差不多有两年时间没有见面了,2001 年底,李彦在街上又见到了这位老乡,他的样子让李彦大吃一惊。"人看上去无精打采的,衣服和头发也不如以前弄得那么讲究。"更让李彦惊讶的是,老乡竟然开口问他借钱。

老乡说自己在生意场上混,不小心染上了毒品,而他的老婆看到他这样的境遇,也赌气吸上了毒品,从此俩人就没有过上一天好日子了。房子卖掉了,家里举债无数。"毒品的危害太大了,我真没想到他会变得那么落魄。"

重见故人,让李彦很是震惊。他从不知道毒品会对一个人造成这么大的影响!

李彦坐不住了,他来到宿州市公安局禁毒支队,寻求专业的帮助

和指导。"我当时就找到禁毒支队的民警,跟他们自我介绍,说我是放电影的,如果他们有宣传片,我愿意在放电影前放给老百姓看。"

李彦的想法得到了禁毒支队的支持,他们拿出好几部宣传禁毒的片子送给李彦。

放宣传片取得了一定效果

拿到禁毒宣传片的李彦,自己先回家一股脑地看了。"我这才对毒品有了一个系统的了解,吸食毒品不仅让辛苦挣回来的血汗钱付诸东流,一个人吸毒,也让一个家庭被拖垮,甚至破裂。"

于是每次放电影前,李彦都会把这些宣传片先放给大家看。

"放这些禁毒宣传片的时候,有些人挺理解的,看得特别认真,有的还会过来跟我交流。可是有的人就很不高兴,直嚷嚷这里没有吸毒的,让我不要放,别吓唬人。"李彦说,每到这个时候,他就会耐心地解释。

"我就说,现在农村去外面打工的那么多,你家孩子可能也在外面打工,可能去歌舞厅玩,如果对毒品不了解就会不小心染上,后果会很严重。如果做家长的都不知道这个危害,怎么能约束孩子呢?"李彦这种站在对方角度的沟通方式往往能取得不错的效果,毕竟学习知识总不是一件坏事。

2002年前后的一天,李彦像往常一样,在电影开场前播放禁毒宣传片。有一个男子挤到李彦身边,与他聊一些毒品的话题。

"我当时挺纳闷的,发现他知道很多跟毒品有关的知识,比如冰毒、吗啡什么的,感觉还怪'专业'的。"李彦耐心地听他诉说,原来他的孩子就在舞厅吃了摇头丸,染上了毒瘾。

当得知这个人还没有把儿子送到戒毒所后,李彦赶紧把自己朋友的经历讲给他听,并且把自己的电话留给他,让他有什么问题就跟自己联系。在李彦的不断敦促下,这位父亲终于把孩子送进了戒毒所。

等三个月的戒毒期满了,李彦又给这位父亲打电话,把从禁毒支

队了解到的知识传授给他。"我跟他说,虽然你孩子的毒品戒了,但是他更需要把之前引诱他吸毒的朋友圈也给戒了。"这位父亲在听取李彦的建议之后,没有让小孩再出去打工,在家监督了他整整一年时间,以防复吸。

宣传中发现禁毒盲区

李彦始终认为,刚开始播放禁毒宣传片只是无心插柳,可是后来他愈发觉得责任重大。尤其是见到那些年龄跟自己儿女差不多的孩子游走在吸食毒品的边缘,他觉得自己有责任,也有义务趁早拉他们一把,让他们受到教化,获知危害。

平时李彦夫妻俩出去放映电影的时候,都是开着一辆面包车。为了节省开支,他们有时候睡在车里,有时候则借宿于农家。

一年的冬天,李彦和爱人去宿州市灵璧县农村放电影,住在村里的老乡家,一个十六七岁的女孩热情地跟他们聊天。"我媳妇告诉她,我们在放电影前要放禁毒和防艾的宣传片,她竟然没有听说过毒品和艾滋病,这让我们非常吃惊。"李彦的眼神流露出怅然。

李彦说,他媳妇用了一整个晚上的时间,给女孩普及了相关知识。"这么大的孩子对这些一点都不了解,如果有一天她外出打工,就很有可能受到这些毒瘤的侵扰。"禁毒防范宣传工作刻不容缓。

李彦说,他播放的宣传片并不生硬,有明星吸毒的惨痛教训,或者就是用一个朋友圈里会发生的故事来讲述毒品的危害。"有一个宣传片是这样的,几个朋友一起打牌,其中有一个人感到胃不舒服,旁边有个人说,我给你一支烟抽吧,抽了就好了。没曾想,那烟里就有毒品。"

播放片子的目的,就是要让大家认识到,自己跟毒品的距离并不遥远,哪怕是在普通的生意场上,都有可能受到诱惑。李彦认为,防范这根弦不能松。

禁毒宣传后有来者

后来,李彦又把禁毒和防艾联系起来。他特地找到宿州市疾控中心,请求他们提供宣传远离艾滋病的宣传片,扩充了自己宣传的内容。

2005年,李彦还成立了宿州市益民禁毒防艾电影宣教中心,不仅在电影前播放相关的宣传片,而且还把重要的内容制作成展板和宣传资料。

李彦的工作得到了很多人的支持。2011年,正在西安上

李彦将禁毒防艾的重要内容做成展板

大学的儿子联系了不少同学,在当年的禁毒日和防艾日里,制作了很多展板、条幅在校园里展示,还到西安火车站进行宣传。而李彦也给予了儿子最大的支持,把自己这么多年搜集的资料一一邮寄过去。"我觉得这是件好事,应该在年轻人那里得到传播。"

如今,李彦和爱人依旧乐此不疲地奔走在禁毒宣传的路上,他们一个月有三分之二的时间在外面度过。李彦感慨着电影放映技术的变化,从前的胶片放映机早已换成了数字机,人们的观影愉悦度也提高了。最近,他又从中国电影公司购买了明星进工地、去农村宣扬禁毒防艾的宣传片,片子里惨痛的实例比纯粹的理论更加引人关注。"我想这应该就是我一辈子的事业了,我会一直坚持下去的,希望更多的人远离毒品,珍爱生命。"李彦动情地说。

(陈 牧 撰稿)

欧兴田：现实版的"集结号"

欧兴田在他一手建成的陵园里

在安徽省固镇县任桥镇，一个名为清凉村的普通村子旁，有这样一座很特殊的陵园。

它不仅在民政部的"正册"里和114查号台查不到，邮局的邮差也从来没有来过这儿。可是附近的人们都知道，这座陵园长眠着23位抗日英魂，陵园的守护者是一位老兵，他就是欧兴田。

九少年誓言抗日

六十多年前，九位少年为了抗日报国，在手臂上刺下了自己的名字，只为自己牺牲的时候，同伴能够认得自己，将遗体带回故土。

九位少年誓言抗日，并郑重承诺："我们决心革命到底，谁都不能当逃兵，谁要是牺牲了，那活着的人就要好好地照顾死者的家庭，掩埋好死者，这就是我们活着的人的责任。"

如今，他们中间只有一个人活着，他手臂上的刺字依稀可见——欧兴田。

欧兴田出生于1925年,他14岁在学校读书时被张爱萍将军看中,参军进新四军四师做了一名文书。随后,他担任过军教助理员、参谋、少校参谋长、师文化科科长、俱乐部主任、中央军委第一炮校行政科科长等职。抗战后又参加过解放战争、抗美援朝。他的第一位夫人牺牲在朝鲜战场上。从1983年开始,三十年如一日,他筹建并管护位于固镇县任桥镇清凉村的"淮北西大门抗战烈士陵园"。

抗战时期,以清凉村为中心方圆百里是苏皖边区唯一一块没有建立伪政权的地方,这里成为共产党沟通东西的交通要道,彭雪枫、张爱萍、张震等一大批抗战名将都曾在这里留下过战斗足迹。彭雪枫师长称它为"淮北西大门"。这一带也成了日伪与我争夺的焦点,我军2400多名同志牺牲于此。

1943年,在灵璧县张大路的战斗中,欧兴田的一条腿被打断,是当年一起发誓的潘志邦把他从战场上救了出来。"他爬到我跟前,把我背到肩上,他一步一步爬,在枪林弹雨中爬了百十米。"欧兴田说,那是片开阔地,稍有不慎,不仅他的命不保,就是潘志邦也难以活下来。"他这是拿自己的命在救我呢。"

后来,潘志邦在战役中牺牲,将近百人同时阵亡,另一个发过誓的战友孟庆平也献出了生命。因为是在敌占区,遗体被当地百姓就地掩埋,找不到遗骨了。

在那样的环境中,想要安顿为国战死的人,已经不可能了。最让欧兴田痛苦的是,他眼睁睁看着共立誓言的战友们牺牲,却无能为力。

1941年,日军发起大规模"扫荡""清乡"运动,进攻豫皖苏抗日根据地。1941年11月,欧兴田所在部队两个连,60多人与日伪军600多人,在沱河岸边一条狭窄的山谷中遭遇,他们连续打了13个冲锋,歼敌上百人,但因为人力、火力悬殊太大,当天下午五点左右,弹尽粮绝,连长、副连长掩护其他人渡河撤退,他们只能用河泥做的手榴弹虚做攻击之势,为其他战友赢得撤退的时间,但却无法抵挡炮火。

一河之隔,负责保卫连部的欧兴田,只能趴在河沿上,眼睁睁看着战友们牺牲。而被日军扫射的副连长丁在森,正是和他当年一同刺字的九个人之一。

1945年,抗战胜利,当年一同发誓的九个人中,七个人在战斗中牺牲,三位没有尸骨。

为战友们寻找遗骨

抗战之后,欧兴田参加了解放战争、抗美援朝,获得上校军衔,以师级干部待遇离休。但他说,每次看到胳膊上的刺字,都会想起亡者。"那个时代过去了,我们这个时代不能把他们忘掉。"

1986年,欧兴田开始重新寻找战友们的遗骨,他用长达两年半的时间去各地寻找。抗战先烈都已牺牲五六十年了,有的烈士家庭没有后代,有的没有被登记入档,欧老就走村串巷,栉风沐雨,寻访知情人,反复调查核实,并将烈士遗骨带回清凉村。

当时交通条件还很落后,欧兴田骑着自行车,有时是步行,掉到沟里、摔倒在田间,就爬起来,喘口气再走。遇上雨雪泥泞更是困难重重。欧兴田印象最深的是一个冬天,旷野里天寒地冻,他的脸和手都被寒风刺得麻木,好不容易才找到烈士遗骨,用红布裹好,背在身上,自行车连推带扛走了十几公里才上好路。很多烈士遗骨就是这样由他亲自背回的。

他第一个寻找的,就是自己眼睁睁看着在沱河战役中被日军扫射的副连长丁在森。他带着丁在森的后代,找到了当年打仗的河岸,遗骨早无踪影,家人用河岸的土捏了一个泥人,装在棺木中运回。

欧兴田对这位老哥说:"丁在森同志,今天你的侄子也来了,我也来了,你跟我们回家吧。"在把丁在森的棺木安放在陵园中时,欧兴田放了国际歌,因为丁在森是为国家、人民而战死的。

当年的九少年之一乔景坤牺牲后被安葬在家乡宿州市芦岭镇。

为了将他的坟迁到陵园,欧兴田四次找到乔景坤的儿子乔俊清。"我那时比较忙,生活条件也比较困难,顾不上这个,欧老为了我父亲的迁坟四次到访。他真是一个了不起的人,这么多年为战友们奔走,我们很敬佩他!"乔俊清动情地说。

建立陵园耗尽心血

1989年,欧兴田开始重建烈士陵园,尽可能把当年牺牲的抗战战友都容纳进来。当地政府为陵园无偿批了一块二十多亩的地。欧兴田在陵园里搭建了一个窝棚,为战友们守陵。不通水电,就点煤油灯,打井取水。

陵园中两千多棵松柏,都是老人一棵棵亲手种下的。为了养活这些树,每天要挑150担水,上午挑80担,下午挑70担,老人从不含糊,不挑完就不吃饭。政府解决了陵园的用地,后面维护的费用,欧兴田不愿意问政府要。

修建烈士陵园谈何容易?当初有人劝欧兴田打消修建陵园的念头,安安稳稳地度过晚年算了。可倔强的他不愿让这些英雄灵魂散落各地,背着干粮,两年内走访六省,找到了36位曾在这片土地上战斗过的老领导商讨建园之事,得到了广泛支持。张爱萍将军专门为陵园题词。在老人小屋的墙上,一直挂着张震将军赠给他的一根五十多年前在战争中使用过的马鞭。欧兴田深知建园资金有限,有些是老干部、老将军和群众捐献的血汗钱,他一分也舍不得乱花。欧兴田的生活极其简朴,他没有留给后辈任何"财产",却几乎把所有的金钱和精力都投入到烈士陵园的修建和维护上。

虽然得到了政府和很多战友的支持,但具体的过程,还是有很多困难需要老人一个人去面对。陵园中的那个大纪念碑,欧兴田用好多年才找人修建成,因为工程款较高,老人每凑齐十万八万,就动一次工。

有商人要卖给老人四十五车劣质的砖,想拉老人下水分成,遭到老人怒斥。

一位当地干部去世后,他的后人希望能埋在陵园里,被欧兴田婉拒。一个老板愿意给欧兴田数百万,想把去世的父亲迁入陵园,也遭到欧兴田拒绝。如此的性格给欧兴田惹来了一些麻烦,但他毅然守护着陵园。

大儿子怨恨欧兴田不顾家,多年不跟他说话。一个亲戚看到陵园里有砖头,要欧兴田给他两车,遭到欧兴田的拒绝,便与他起了争执。在家人中,最理解欧兴田的是孙子欧阳,孩子从小由爷爷奶奶带大,跟着他们在陵园里一起生活了14年。欧兴田在最困难的阶段,甚至把孙子的车给卖了,补贴陵园的开销。

奸商的污蔑、威胁,家人的不理解……欧兴田心里也有难受的时候,有时就拎一瓶酒,坐在陵园墓碑前的石头上,跟逝去的战友们说一说……

提醒后人不忘历史

经过多年的守护,如今的淮北西大门抗日烈士陵园已经初具规模,19米高的宏伟纪念塔屹立大地,陵园里松柏常青,20多座烈士墓整齐排列,均已勒碑立石,供后人凭吊。为了节省镌刻碑文的钱,欧兴田亲自为每位烈士撰写、镌刻碑文,光是这一项就节约了100多万元。

自从4年前老伴去世之后,欧兴田开始一个人独守陵园。浇树扫地、洗衣做饭,给来访者讲烈士事迹;闲时则练练书法,编写历史材料。

在老人的起居室里,只有床、衣柜、沙发等几件简单破旧的家具。电视机是黑白的,空荡荡的冰箱里只放了几个生鸡蛋和吃剩的小半碗大葱炒鸡蛋,简易鞋架上的几双鞋子磨得不成样子,沾满泥土。

儿女们把欧兴田在陵园住处的门锁撬开,把他的被子和衣服搬回城里,可是老人当天就回到了陵园,他说,他死也不会走的。"这样的

生活就够了,女儿家的大房子我还住不惯。"老人摆摆手说。

每年清明前后都有数万人来到陵园扫墓。为了弘扬抗战精神,激励后人不忘历史,十几年来欧兴田热心地为前来扫墓者讲述英烈事迹。有人曾问他,你搭上下半辈子的生活来建设和守护这片烈士陵园,究竟是为什么呢?欧兴田看着纪念碑上张爱萍将军的题字一字一顿地说:"没有躺在这里的烈士,就没有我们的今天!我庆幸我还能活着,我不图名利,就是图个心安!"

老人的精神感动世人

欧兴田的故事在偶然被放到网络上后,感动了众多网友,并在2010年被网民投票选为诚实守信"中国好人"。欧兴田的事迹在网上流传,许多博客、微博及地方论坛纷纷转载。"向老兵致敬!"众多网友在网上异口同声地喊出了自己内心的感动。甚至还有北京、江苏等地的网友自发赶到烈士陵园,缅怀革命先辈,表达对老人的敬佩,并为陵园捐款捐物。2011年3月,欧兴田再次被网民投票选为诚实守信"中国好人"。

欧兴田当年种下的松柏小树苗,如今都长成了十来米高的大树,老人的身体也渐渐衰弱。"爷爷为了陵园,吃了很多苦,受了很多委屈,可是他什么都不愿意跟人家说、跟人家争。

欧兴田向前来缅怀先烈的学生们敬礼

他已经86岁了,这两年身体更差了,腿也不便,一个人住在这里我很

担心,但他又不愿意跟我回城里。"欧阳说,"爷爷说等他百年之后,丧事不要办,直接火化,然后把骨灰撒在这里,陪伴战友们。"

令欧阳感到欣慰的是,爷爷的事迹流传之后,越来越多的人主动来陵园帮忙。2011年清明节,欧阳的同学张响放下工作,腾出了差不多一个星期的时间,跟欧阳一道从宿州市来陵园帮助老人干活、接待访客。

"对于老爷子,我是打心眼里崇拜,也愿意经常来帮忙干些力所能及的事情。我想,相对于我付出的劳动,在这里,我得到的更多。"张响说。

当每一年的清明来临时,在那个松柏环绕的陵园里,你都会看到一个老人,他提着酒瓶,端着酒杯,挨个到烈士墓前洒上酒,陪长眠在陵园里的战友们"喝上一杯":"老战友,有我陪着,你就喝上一杯吧。"这是一份来自老人心灵的慰藉。

这位老人的心美得动人,美得自然……与其说老人在铸就和守护丰碑,不如说他在延续和书写这个民族血液里一种荡气回肠的信念。

(陈　牧　撰稿)

刘李邻居：磨店的那些好人

对于农妇李孝香来说，"好人"，是个既亲切又陌生的词。

五年前，儿子小龙从屋顶坠下，是隔壁汪大姐抱着孩子，赶了十几里路到医院，救下了小龙。汪大姐是个好人，李孝香感激地说。

"中国好人"李孝香和刘仕圣

60年代，村里修危桥，别人都不敢，只有她父亲一人愿意。中途危桥塌了，父亲站在桥下，却奇迹般地毫发无伤。村里老人说，你父亲是个好人，所以没被"收"过去。

做对别人有益的事情，是李孝香对"好人"的全部理解，但她怎么也不会想到，自己有一天会成为"中国好人"。

而李孝香之所以成为好人，是因为她体谅了另外一个好人。

一个平静的星期天早晨

磨店镇沿河村，是李孝香的老家，那里有近五千人，离合肥市区二十多公里。那里经济不算富裕，出远门打工，是村里人挣钱的重要途径。丈夫刘国桥远赴东北务工，而李孝香则留在家中。

2005年，饱受糖尿病折磨多年的公公，在增添了家中数万元的债务后撒手而去，留下她与婆婆李家珍相依为命。

李孝香卖起了卤菜，补贴家用。每天清晨4点起床去城里购货，5

点回来腌制加工,9 点出门沿村叫卖,晚上 10 点回家。年迈的婆婆则负责做饭、洗衣、种田,照看年幼的孙子孙女。一家人的日子过得平淡又安静。

平日里,每隔一周,李孝香都会骑车载着心脏不好的婆婆去看病拿药。但那一天她太累了,甚至不知道婆婆何时出的门。

而那一天,是 2011 年 8 月 14 日。

8 月 14 日是沿河村村民去店埠镇赶集的日子,也是个星期天。当天早晨 7 时许,61 岁的村妇刘仕圣,骑着电动三轮车去集市上置办家中所需物品。上午 8 时许,采购完毕的刘仕圣驾车沿原路返回,走到一个名叫大李湾的地方,一老一少两个身影映入刘仕圣的眼帘。"我骑过去一看,原来是同村的李家珍带着孙女小敏。"

刘仕圣说,当时天气很热,祖孙俩挎着沉甸甸的一篮鸡蛋,满头大汗地在路上走。刘仕圣知道,李家珍已经 76 岁了,经不住那么暴晒。"我当时就问她,你这么大年纪了,还带着孩子,为什么不坐小巴。她说天热容易晕车,连去赶集也是步行的。"

刘仕圣是个干农活的好手,家里养了上百头猪,而老伴则在村里做了十多年的老村长,村里的那些路呀、井呀,都是他带头修的,这么多年,家里则主要靠她一个人忙活。这不,满满一车猪饲料也都给运回来了。看到李家珍累得不行,刘仕圣叫老人家带孩子坐进自己三轮车的斗里,顺便捎上一节。

李家珍挺高兴的,把孙女抱上三轮车,自己也坐了上来。"我想这又不费什么事,再说都是乡亲,带一程也是应该的。"刘仕圣和李家珍有一句没一句地拉着家常,全然不知道一场大灾祸正在前方等着她们。

突如其来的一个意外

很快,刘仕圣驾车带着祖孙俩来到侯小郢附近,再拐一个弯,不远

处就是李家珍的家。如果一切顺利的话,两位老人原本应该在刘家门口分开,李家珍和孙女再独自走上一小段路回家。可就在离刘家不远的一个道口,意外发生了。

"那个道口的弯度太大,视野不太好,当时我正在拐弯,一个小伙子骑着摩托车从对面驶来,速度蛮快的,我想躲开他,可是龙头歪得太猛,三轮车一下子翻了。"刘仕圣说,她还没反应过来,三个人都被甩了出去。"等我清醒过来,发现自己的腿被车身压住了。"不远处,李家珍和小敏都趴在地上。"小敏在那里哭,老太太好像摔到头了,流了不少血。"

刘仕圣心里一惊,不禁叫了出来。村民们听到叫声,赶紧围拢了过来。由于没有手机,刘仕圣赶忙让围观的村民给自己丈夫李道元报个信,要他打120急救电话。而那边,得到报信的李孝香,连灶台上的火也没有灭,穿着拖鞋跑到了现场。"妈……妈"李孝香冲过去一把搂住婆婆,哭叫了好几声,可是婆婆没有应声。随后赶到的急救车,将受伤的人都送到医院。

经诊断,小敏的伤势较轻,只是点皮外伤。刘仕圣的大腿伤得不轻,勉强能够活动。李家珍伤得最重,颅脑出血。

医生几次把李孝香拉到门外,告诉她老人家可能不行了,要她赶紧通知家里人,做好思想准备。"你一定要救救我婆婆啊。"李孝香苦苦哀求着医生,泣不成声。她一直把婆婆当做自己的亲妈来看待,老太太也一直把她当成自己的女儿来对待,用自己病弱的身体分担着家庭的生活负担。

8月15日晚,李家珍因伤势严重,加之心脏病复发、肺部感染等症状,最终离开了人世。

四拒赔偿款

村里老人去世,有放鞭炮的习俗。刘仕圣回忆,那晚听见屋外响

起了鞭炮声,她的心像针扎一样的疼——她觉得是她"害死了李家珍"。"噼里啪啦"的声响回荡在八月炎热的乡村,却让年过六旬的刘仕圣心里凉飕飕的。她整晚辗转反侧,拼了命也想不明白一件事:自己是做了一件好事,还是一件坏事?

天一亮,刘仕圣就和老伴低价卖了家里十头猪,揣着一万多块钱,带着爆竹、花圈和纸钱登门道歉。刘仕圣极度不安,想要赎罪。简陋的灵堂上,李孝香却告诉她:你做的是好事,我不能收你的钱。而彼时,为了救婆婆,李孝香家中已积攒了五万多元的欠条。

李孝香听女儿小敏说过,那天天气好热,奶奶牵着她的小手,怎么走也走不动了。看到刘仕圣的三轮车过来了,早已走不动的小敏一阵激动。为了怕小敏中暑,在刘仕圣的力邀下,李家珍和小敏就坐上了三轮车。谁也没想到之后会发生的意外。

在李家珍被送往肥东县的医院就诊时,刘仕圣和老伴李道元匆匆回家取了五千元,送到了医院,想作为李家珍的治疗费用。"毕竟是在我家车上发生的意外,我们当然要负责。"刘仕圣愧疚地说,当时她和老伴也没多想,只要是治疗所需,他们都愿意承担。

让夫妻俩始料未及的是,面对这似乎是"天经地义"的赔偿,李家珍的儿媳李孝香竟当场回绝。"我们家里商量了一下,刘大姐本是出于好意才捎了我婆婆一段路,这是好事啊!发生意外谁都不愿意看到,刘大姐又不是故意的,何况她自己也受了伤,我们怎么能要他们的钱呢?"无论刘仕圣和李道元如何坚持,李孝香最终没有收一分钱。

"不要这笔钱,是我们一家人共同的决定。"李孝香说,她的丈夫刘国桥远在东北打工,作为李家珍唯一的儿子,得知母亲出事后,他在电话里告诉妻子:"绝不能收刘大姐家一分钱。如果做好事还要赔钱,那以后谁还敢做好事啊?"

在李家珍被转到省立医院南区后,李道元又找到李家珍的家人。"我说,我已经准备了 2 万元钱,就是给老人看病用的,他们还是坚持

不收!"

李家珍去世的第三天,李道元在路上偶遇李孝香,又一次表达了赔偿的愿望,李孝香依然表示不用。

"四次,整整四次!"刘仕圣说,对方越是不要自己赔偿,自己就越觉得过意不去。"老人住院花了不少钱,都是她家里人出的,连这个都没让我们承担!"

"一场风波"化为"一件小事"

李家珍一家终究没有收下刘仕圣夫妇的赔偿。被逼得急时,李孝香甚至发了怒:"你要再硬给我,就是在诅咒我和女儿!"见对方如此坚持,刘仕圣只得作罢,最后好说歹说,在参加李家珍葬礼的时候,硬塞了400元"人情费"。

婆婆离世后,家里就李孝香带着两个孩子生活。为了照顾两个上学的孩子,又要忙着农田的活儿、做家务,李孝香的卤菜生意只得停做了。

李孝香的家,是一幢普通的农家二层小楼,堂屋里装饰简单,除了一台吊扇几乎再没有其他电器。堂屋的一侧挂着婆婆李家珍和公公的遗像。想婆婆的时候,李孝香会给她上一炷香。如果去李孝香家,刘仕圣也会在李家珍的遗像前,双手合十,默默叨念,然后毕恭毕敬地为她上一炷香。

"你家猪最近长得好吗?"面对李道元和刘仕圣,李孝香没有丝毫的尴尬,反而和他们自然地拉着家常,刻意去淡化这件事情给两家造成的震动和伤害。而刘仕圣原以为会有的"一场风波",就这样在李孝香的轻描淡写中平息了。"我婆婆一家,包括我的娘家,都是本本分分的老实人。我们不懂什么大道理,只是想着不能让好事变成坏事,这样会坏了社会的风气。"李孝香说。

李孝香的丈夫刘国桥,听闻母亲的噩耗后匆忙从东北赶了回来,

工作没了着落。知道这个情况后,李道元提出,只要刘国桥愿意,随时可以去自己女婿在肥西的工地上班。"你们不肯要钱,总要让我们为你们做点什么吧!"

她突然成了精神标杆

事情就这样悄然无声地过去了一个多月,一位记者回老家探亲。饭桌上,他听乡亲说起了这件事——这真稀罕呀!

李孝香就这样"莫名其妙地出了名"。整个夏天和秋天,她守在家里,对着全国蜂拥而来的摄像机、录音机,反复讲述着这个在她看来"芝麻大"的事。

李孝香对于称赞的困惑与抗拒,是在记者们的"教育"中慢慢消解的。从媒体那里,李孝香被"普及"了彭宇案的故事、小悦悦的故事,也听说了"没有十万块,扶不起老人"的传言,以及新近成立的"搀扶好人基金"。李孝香这才明白,原来自己的那点宽容,"在城里那么金贵"。

几个月来,在自家院子里,38岁的农妇李孝香迎来了一波又一波的记者,一遍又一遍地讲述着她"好人不能讹"、"老人就该扶"的道理。前阵子,她的事儿还被排成话剧,在市里的大剧院连演数场。李孝香感觉自己"就像一棵白菜",被拔出土,塞进花盆,送进城里,"好让城里人明白做人的道理"。

"好人"之后的生活

2011年,在中央文明办主办、中国文明网承办的"我推荐、我评议身边好人"活动中,10月份"中国好人榜"入选名单揭晓,合肥市两位"磨店好人"李孝香和刘仕圣之间的事迹感动中国,入选诚实守信"中国好人"。

据合肥市文明办指导处相关负责人介绍,磨店好人身上体现了中华民族的传统美德。为了大力弘扬尊老爱幼、助人为乐的社会道德风

尚,合肥市文明办还授予李孝香和刘仕圣首届"最美合肥人"称号。

不过,两位磨店好人并没有想那么多,刘仕圣觉得自己当选了"中国好人",是国家给了她很多荣誉和鼓励,以后她依然会伸出援手,去帮助需要帮助的人。

李孝香和刘仕圣响应《新安晚报》"学雷锋"倡议

2012年3月21日下午,李孝香骑了一个多小时的摩托车,从肥东赶到合肥瑶海区法院,调解了一起赡养纠纷的案件。在法庭上,她用自己的真实感受,顺利完成了这次调解工作。李孝香说,自从被瑶海区人大任命为人民陪审员以后,她购买了一些法律书籍,每天学习法律知识,希望能补充自己法律知识的不足。

如今,两个家庭相处得特别和善,李孝香不擅长做农活,就向"好把式"刘仕圣请教。谁家做了点好吃的,都会给对方家里送去一点。2012年过年的时候,刘仕圣烧了满满一桌的好菜,她把李孝香全家请了过来,两家一起热热闹闹地过了个大年。

两个平常人家的生活故事还在继续着……

(陈　牧　撰稿)

张家兄妹：每一分钱都要还上

安徽省邮政部门给张仁强送来年货大礼包

1月12日，是张仁春的忌日，每年的这个时候，他的弟弟张仁强、大妹张仁秀都会来到坟前拜祭。"侯玉田15万，还了；张仁书5万，还了……信用社，还欠10万……"他们跟哥哥唠叨的，都是哥哥的债务，而汇报的，却是这些债务被还的进展。

2008年5月，霍邱县周集镇的张仁春一病不起。他在病床上躺了7个多月，直至去世。而此前他为做生意借了155万元巨款，其中包括弟弟张仁强的20万元、大妹张仁秀的15万元、周集镇信用社的40万元，剩下的80万全都是从朋友那里借来的。

除了自家弟妹的35万元以外，余下120万元的巨债，让这个农村家庭濒临绝望，该怎么办呀？

从法律上来说，替张仁春还债的人应该是他的妻子儿女。可是谁也不会想到，在这个时候，他的弟弟、妹妹、老父和老母却站了出来，义无反顾地去担当，三年多的时间，帮助张仁春还清了几乎所有的债务。

而支撑老张家人的信念就是："人死了，不能留下骂名"，"谁挣钱都不容易"……

谁来承担这笔巨债

在霍邱县周集镇,张仁春曾是一个小有名气的人物,他办过厂,搞过苗圃,算得上当地致富的带头人。

2006年,张仁春租了85亩地做苗圃,种上香樟、广玉兰等苗木。他整天在这片苗圃里忙碌,由于劳累过度,他的腰椎出了问题。2008年5月,张仁春在苗圃投入了大量资金后,却一病不起。

"他事业心太强了,腰椎都累断了也顾不上去医院看。"和他相伴多年的柔弱妻子每天以泪洗面。

张仁春病重期间,苗圃由于疏于打理,野草丛生。他去世后没多久,一场莫名的大火,将85亩香樟等苗木烧得干干净净。张仁春多年的付出,没有得到任何回报,留下的只有一片烧焦的土地。张仁春去世的时候,一共欠下了300万的债务,家里人变卖了厂子里的一切,勉强还掉了100多万,可是剩下的100多万怎么办呢?

料理完张仁春的后事,家里人开了一个家庭会议,时间很长,不过最后的意见却很明确:人死债不烂,钱一定要还。

谁来还债?在那个家庭会议上,这个结论几乎是用排除法算出来的。

张仁春有一儿一女,儿子在北京打工,每个月的收入只能将就糊口;女儿在老家当幼师,每月1000多块钱的工资,也拿不出钱来还债。张仁春的妻子是乡村教师,患有高血压、心脏病,干不了重的体力活,况且丈夫的去世让她不能自拔,这时候已经不能再给她更大的压力了。

张仁春兄弟姐妹四个,他是老大。老二张仁强和老三张仁秀家境还不错,老四张仁兰靠养猪维持生计,日子过得很辛苦。

算来算去,全家有点能力为张仁春还钱的没几个。张仁强和张仁秀站了出来,他们决定替哥哥还那120万元。

为了还债辛苦打拼

可是这笔钱该从哪里还起呢?张仁强和张仁秀把哥哥遗留下来的一垛垛账簿翻了出来,一个名字一个名字地登记。

张仁春去世前,张仁强曾在老家承包过鱼塘,生活还算过得去,甚至有闲钱借给哥哥做生意。可如今这 120 万让他不得不走出家门,寻找还债的门路。他首先想到了来省城合肥挣点钱。

到了合肥他才知道,城市里挣钱谈何容易。想到收破烂不需要太多成本和技术,只要自己努力就行,张仁强便决定干起了收破烂的活。

在宁国路青年小区一栋三层小楼上,张仁强租了一间十几平方米的小房间,月租 350 元。因为有人来,他开了两盏节能灯,可屋里还是很昏暗。房间里摆了两张床,没地方挂衣服,床上堆得满满的;也没凳子坐,主人客人都坐在床上。

"数九"寒天里,张仁强家潮湿阴冷,窗玻璃裂了几道缝,冷风直往屋子里钻。而夏天,屋子里又闷热难当。

"有卖破烂的吗?"每天清晨 6 点,张仁强雷打不动地起床,推着自己的三轮车在合肥的大街小巷穿梭,再把废品一车一车地运回废品回收站。

张仁强来合肥时已经 54 岁。为了给哥哥还债,他比小伙子还能吃苦,收破烂的活干得不错。不久,他从四处游荡的"破烂王"变成了废品回收站的小老板。在堂弟的帮助下,他也接触了一些建材生意。

2009 年是张仁强为哥哥还债的第一年,也是他在合肥"事业"小有成就的一年。无论是废品回收,还是建材生意,他都做得很红火。然而,令他意想不到的事情发生了。

这年 10 月份的一天,张仁强接到父亲的电话,说他媳妇在卖掉家里的猪后就不见了。这下把张仁强吓得半死,因为过去包鱼塘、养猪,以及收废品的钱,绝大部分都在老婆手上。

张仁强四处打听才从乡亲那里得知,他老婆是因为受不了他为哥哥还债才选择了逃避。这个消息让张仁强倍感挫折。他失去了生活和事业上的左膀右臂、相处几十年的家人,而他失去的金钱是他辛辛苦苦攒下来、要还给人家的"债"。

张仁强没有时间找老婆,他又回到合肥继续干活,因为巨额的债务还分文未还。

挣到的钱全拿去还债

张仁强拼命干活,2009年年底的时候,他将挣来的二十几万元全部还给了债主,连一点本钱都没留。

为了想点子挣钱,2010年,张仁强从废品全收改为专门从事废铁回收。合肥大铺头附近有一个废铁回收站,是张仁强的合伙人张秀美开的。每次张仁强收来废铁,首先会拉到这里进行切割,化大为小后再卖出去。

"我之所以愿意跟他合作,是因为他不计较。"张秀美说,有时候两人分成时,多出个三五百,张仁强都很少要,直接让给张秀美。

张仁强在废品回收站中忙碌着

同时,张仁强在肥西县租了一个600平方米的养猪场,能养400多头猪。夏天,他的养猪场有了效益。这笔钱也还给了债主,哪个债主急用,就先给哪个。

张仁强在做建材生意的时候住在大杨镇,而工地在滁州路。他成天起早摸黑,晚上总是坐末班的143路公交车回家。因为劳累,他几

乎每天都在车上睡着,就这样一直坐到底站岗集,再往回走四五里路回家。但他太累了,宁愿先睡上这一觉。连公交车司机都注意到了张仁强,知道他每天都会坐末班车,也习惯了他一上车就睡觉,但却不知道张仁强并不住在岗集。

给哥哥还债的第二年,张仁强一共给哥哥还了30多万元。

主动把钱送给债主

当张仁强每天起早摸黑在合肥挣钱的时候,他的大妹张仁秀则在老家辛苦养猪,帮哥哥分忧解难。

用张仁秀的话说,她的丈夫屠恩朴是个很"仁义"的人。他不但不反对张仁秀替兄还债,甚至比张仁秀更坚定。

上世纪90年代,张仁秀就跟丈夫开养猪场,家里的境况还不错。但扛了债务之后,多年的积累被消耗一空。张仁秀为哥哥还了巨债,自己的生意却欠下了20万元的债。目前张仁秀和屠恩朴住在农村两间小平房里。而更让她感到窘迫的是,在合肥上班的儿子已经28岁了,没有房子,结婚的事情只能往后拖。

张仁秀为儿子觉得委屈,难免会将气撒在丈夫身上。为了还债的事,她已经记不清跟丈夫吵过多少次了,可屠恩朴始终不变:钱一定要还,否则没脸做人。

债主有近20人,有人催得急,有人催得少,这其中,丁友全从来没有催过。丁友全曾经跟着张仁春一起干活,张仁春支付不起工人工资的时候,丁友全总是帮他垫付。张仁春去世时,欠了丁友全近8万块钱的债。丁友全不好意思要,因为他知道张仁春去世前就困难,卧病那么久,去世后家里更困难。

丁友全万万想不到的是,2010年9月,张仁秀竟然主动将钱送到了他家。那一刻,丁友全不知道该说什么好。"到现在我还记得当时的情形,太让人感动了,反倒让我觉得对不住人家了。"丁友全说。

知道张仁强和张仁秀为哥还钱的事,大家都说他们好,说他们很伟大。"是我哥嘛!"听到大家的夸赞,一向拘谨的张仁强难得笑了,脸上的皱纹更深了。2011年,他们的目标是50万元。

八旬老人也在挣钱还债

虽然张仁强和大妹张仁秀是还债的"主力",可是为了让这笔钱能够早日还清,全家人都没有放松过。

张仁春的父亲当了30年村干部,母亲当年也在县里拿过劳动模范奖,这一家子,在当地都算有头有脸的人。为了怕儿女的负担太重,两位年近八旬的老人拖着年迈的身体,也要挣钱,替儿子还债。

当张仁强在肥西租地养猪的时候,他78岁的老父亲主动要求到合肥帮忙喂猪。"那么多头猪啊,有时候我废品生意忙了,顾不上过去,都是父亲一个人打理。"张仁强说,在此之前,父亲的手脚挺麻利的,身体也不错。也不知道什么时候,父亲吃饭少了,胳膊上还长了个疙瘩。

"我父亲跟我哥哥说那个疙瘩的事情,我们都要他去医院看,可是他又死活不去,怕花钱。"张仁秀说,这个事情就耽搁下来了,又过了一段时间,他们终于把父亲带到医院去检查,可医生说来晚了,癌细胞已经扩散了。"直到那个时候,我父亲才从猪圈里搬出来,回家来等待最后一刻的到来。"说到这里,五十多岁的张仁强哭出了声。

父亲回老家之后,没过多久就去世了,在去世之前,他把儿女叫到眼前,反复叮嘱,一定要把他们大哥的债还清。"我父亲说,等到这些钱还清了,就把那些账单在他的坟头烧掉,就算他知道了。"

父亲的去世,让张仁强兄妹十分愧疚,可是一家人没有耽于哀伤,张仁强的母亲为儿子看了一个鱼塘,还养鸡。三年来,老人养了几百只鸡,连鸡带蛋一共卖了一万多元,却一个鸡蛋都没吃过。

2012年,母亲得知大儿子的欠款还有十万余元了,她特别高兴。这位

八十岁的老人不断地念叨着:"我们就要过幸福生活了,不是吗?"老人的愿望,让听到的人都不禁动容,也为这个家族的善良和信义深深感动。

他们会迎来全新的生活

从2009年至今,张仁强、张仁秀兄妹起早贪黑,省吃俭用,为病故的大哥还了110万元的巨债,还剩下信用联社本金10万元和利息没有还。

按照当初把钱贷给张仁春的信贷员的说法,张氏兄妹的事迹简直让他们难以置信,甚至超出了常识。"我们以为他们的大哥去世之后,这么多钱肯定就要形成呆账了,没想到,他们家族却这么守信。"为此,霍邱县信用联社免去了欠款所产生的3万多元利息,霍邱县信用联社李平主任说,张氏兄妹不畏辛苦替亡兄还债本身就是一种诚信的体现。

2012年以来,收废铁的生意并不好做。张仁强说:"现在生意不行了,过年后钢材价格跌得厉害,买贵了就亏。"为了尽早将大哥的债还清,除了在合肥,张仁强还决定到全省各地跑跑,多找些生意。"难做归难做,但债今年一定要还了。"

张仁强兄妹的感人事迹经《新安晚报》独家报道后,引起全国关注。张仁强说,有时他在合肥的路上都能被人认出来,让他感到很不好意思。"人家说:'你不是那个帮哥哥还债的名人吗?'我听了很惭愧,我们只是做了点应该做的事,哪是啥名人,有点丑,有点丑。"

不久前,一家香港电影公司通过镇政府找到兄妹俩的电话,说要把他们的故事搬上银幕。

如今,兄妹俩依旧奔忙在还债的路上,张仁强惦记着,等到把哥哥的债务还清了之后,他也该顾顾自己的小家了。"老家的房子还是二十年前盖的,三个儿子在农村成家了,都没有好房子住……"

在压力和挑战中,他们会迎来全新的生活。

(陈　牧　撰稿)

李　政：你也可以感动城市

每天坐在狭小的出租车里，不断转动着手中的方向盘，把人们从城市的一个地方运送到另一个地方，这就是的哥李政的工作。

跟很多开出租车的师傅一样，李政每天要坐十几个小时，为了多

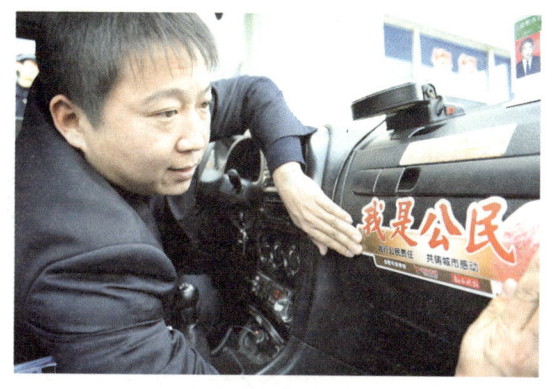

感动城市的好的哥李政

挣点钱，街边的盒饭刚刚吃下去，一猫腰又钻进了车里，日复一日，肚子上的"游泳圈"长了不少，人变得富态了，当然也显得和善。

因为整天都不沾家，上小学的儿子跟他并不亲。虽然是同学中为数不多家中有车的孩子，可小家伙并不觉得这跟自己有什么关系："我爸净拉别人去了，我又坐不着。"

"您上哪儿？""开门当心后面车，您走好。"这些话李政每天要说上很多遍，说的时候，他面带着笑容，一点儿也不厌倦。这个三十多岁的中年男人，心里很是平和。

在和每一位萍水相逢的人告辞以后，他悄然消失在别人的记忆里。他不会想到，因为一个在他看来"理所应当"的善举，他竟然成了一张"名片"，感动了整座城市。

一天一夜的疯狂寻找

2010年11月10日上午，36岁的浙江玉器商陈良松准备踏上回

家的火车时,突然惊出一身冷汗——箱子呢?他的箱子里装着79块和田玉和37000元钱。在经历了一天一夜近乎疯狂的寻找之后,一个电话让他几乎掉泪。电话那头,一位的哥说:"你的东西在我车上,一分都不会少。"

"我是浙江省嵊州市崇仁镇人。11月10号我来合肥城隍庙古玩市场送货,上午10点多,我从城隍庙出来,打了一辆黄色的士去火车站,准备回浙江,我把箱子放在了的士的后备箱。箱子里有37000元现金,还有79块和田玉。我太困了,就在车上睡着了。到地方后,我下了车就往车站赶,过了十分钟才意识到:我的箱子哪儿去了?"

陈良松当时就傻了,那些玉器市场价值近180万,再加上那些现金,等于是他全部的家当,丢了可怎么办呀?他赶紧跑回火车站,拼命地喊:帮帮我,帮帮我!可是哪里有人回应呢?他拨打了姐夫的电话,但是急得一句话都说不出来。后来陈良松打了110,找到安庆路派出所、合肥市交警支队,他们把所有的路面监控录像都调了出来,终于找到了他乘坐过的出租车,却始终看不清车牌。

陈良松几乎绝望了。晚上8点,他抱着侥幸心理,固执地站在火车站出租车下客区。整整两个小时,他看到黄色出租车就拦,请求他们把后备箱打开看看,但一次次只有失望。"我就是不走,找不到我就站一夜!最后,从苏州赶来的姐夫强行把我拉走了。整整一夜,我都没睡好,总是做噩梦,全部都是出租车、玉器、钱……一天一夜,我没有吃一口饭。"

想不到第二天上午,陈良松的手机突然响了,是合肥新亚出租车公司的一位领导打来的,他说箱子找到了。"我当时就哭了,我姐夫也哭了。我知道那个好心的出租车师傅名叫李政,我几乎是颤抖着打通了他的手机。他告诉我:不要着急,保证一分钱不会少。我当时就想,难道世界上真有这样的好人吗?"

不是我的钱不能拿

2010年11月11日,合肥街头很多年轻人手捧着鲜花和礼物,庆祝着年轻人的节日——"光棍节"。但凡跟节日沾上一点边,出租车的生意就会好起来。

那天李政本应该正常出工,他早早地起来,仔细把座位上的尘屑清理干净,给杯子里加满水,那可以管一天的口渴,35岁的他虽然已经不年轻了,但对自己养家糊口的工作却始终充满了激情。

可是当他整理到后备箱时,他愣住了,后备箱里面有一个箱子。"这是哪位乘客留下来的呀?"李政紧张地不断踱步,他反复思索,试图想起每一个乘客的模样。

头一天晚上,因为同事生病了,替别人代班的李政,把车开到很晚才回家,累得连洗澡的力气都没有了,更没有来得及检查一下车况。那一天可能有上百人坐过他的车,到底谁上车带了箱子呢?

李政赶紧把箱子打开,想找到一些失主的线索。箱子里面竟然有厚厚的三叠百元大钞和一大堆玉器。"我感觉这些玉价值不菲,失主肯定会急死的。"李政赶紧拨打了公司电话,"万一失主没有记住我的车牌号,他最有可能会跟公司联系,或者报警。"

经过大家四个小时的努力,终于,公司那边传来消息,失主陈良松找到了。很快,李政接到了他的电话,他印象最深的是陈良松与自己联系上时那颤抖的声音。"当时我告诉他,钱在我这儿,我会如数还给他,一分都不会少,让他放心。"

李政赶紧上车,一路把车放空,径直开进了公司里,因为他知道,那个声音哽咽的失主,正在焦急地等待自己。

之后的事情就显得毫无悬念,在新亚出租车有限公司的办公室里,在合肥市交警支队出租车管理大队3位警员的监督下,陈良松的箱子被当场打开。79块美丽的和田玉和37000元现金,分文不少。

"谢谢,太谢谢了!"陈良松说,他到此时才真正相信,原来世上真有这种好人。

陈良松的姐夫说,本来他的心里没有抱任何希望。"以前我朋友在其他城市有过同样的经历,但失物从来没找回来过。没想到在合肥,如此幸运。"

谢绝三万元酬金

合肥市运管处的负责人说,他们每年年底都会对一年来出租车司机们做的好事进行合计。"有捡到几千元、几万元的,也有捡到手机、银行卡的,太多了。"

"180万不是个小数目,这位出租车司机拾金不昧的做法体现了合肥人的品格和精神。"时任安徽省委常委、合肥市委书记孙金龙在听罢这段真实的事迹后表示,他的第一反应就是"感动"。"这种朴实的好人精神,热情好客、厚道本分的合肥精神值得大力弘扬。正是这些普通的老百姓用他们的一举一动,撑起了合肥精神家园的一片蓝天。"

"这是我第一次来合肥做生意,现在我对合肥的印象真的特别好。"陈良松说,不光是李政师傅,派出所民警和交警以及那些被他拦下来的出租车司机,都很友善,很热心。"合肥这座城市,真的很好。"

李政与失主陈良松拥抱在一起

那天,陈良松从丢失的现金里,一把拿出3万元现金,当场就要塞给李政作为酬谢,但是李政果断地谢绝了。"陈良松一天没吃饭,拿到箱子后,终于想起泡上一碗方便面,当着

我的面就大口大口吃了起来,我的心才落下。"李政告诉记者,物归原主,陈良松踏实,他也踏实了。

两个第一次见面的大男人,竟然拥抱在一起,两人说好要当一辈子的朋友。

荣誉接踵而至

"我的生活很普通,我做的事情也没有什么。"与失主进行过失物交接以后,李政又开车上了路。

虽然李政觉得自己不过是做了件"理所应当"的事情,他的事迹却打动了很多人,表扬和嘉奖纷至沓来。

"我受孙书记、吴市长委托,代表市委、市政府、市文明委向你表示慰问!"11月12日上午,合肥市委常委、宣传部长林存安带着市委宣传部、市文明委、市交通运输局相关负责人来到市运管处看望李政。"合肥正在推进文明城市创建,李政的行为是一种朴实的好人精神,展现了合肥人的精神风貌!"林存安部长接受记者采访时很高兴地评价李政,"拾金不昧、见利重义、急他人所急,值得我们充分学习、肯定。""合肥人就要塑造这种精神,合肥人就应该有这种精神!"高度评价李政的同时,林部长还把市委市政府给予的8000元慰问金送到了李政手中。

11月12日下午,合肥市交通运输局、市运管处联合召开表彰大会,市交通运输局党委书记、局长王贤泰和市运管处处长鲍亚宁分别为李政颁发奖金3000元和2000元,并号召全行业向好的哥李政学习。全市出租车公司、驾校、客运站、维修企业负责人和相关人员及市运管处中层领导干部等共100多人参加了会议。

11月15日上午,文明出租车暨优秀驾驶员命名仪式在新亚出租车公司举行。在一排车灯标有"文明车"字样的黄色出租车中,披着红绸的皖A82716尤为显眼,洁净的车窗上面贴着:0121文明出租车。这意味着好的哥李政的出租车成为合肥市文明出租车车队中的第

121辆。

合肥市运管处负责人说:"以前的120辆文明出租车都是成批命名的,这次为李政单独的一辆车特批文明车,在合肥出租车行业管理历史上还是第一次。"

"以前我特别羡慕文明车队,没想到今天,我的愿望实现了。"李政激动地说,"我心里很温暖,很兴奋,不过,也更有责任感了,因为我以后的一言一行都代表着文明车队,这是一种荣誉,不是用金钱能衡量的。"

不是第一次做好事

就像罗马不是一天建成的一样,好人也不是一蹴而就的。

"大概1958年,我母亲捡到了50块钱,那时的50块已经不得了了。我们家里虽然很穷,但我父母还是把钱还给了失主。"李政说,母亲的言传身教潜移默化影响到自己今天的很多行为。

2008年12月28日,合肥的朱女士在下夜班回家的途中,遭遇一名持刀歹徒抢劫手提包,包内有她刚领的工资、手机和一些重要的证件。在这紧急时刻,李政驾车刚好途经这里,听到呼救声,他连忙停下车,不顾个人安危,赤手空拳冲向歹徒。搏斗中,他的左手被歹徒的刀划破了一道深深的口子,鲜血直流。最终,李政凭借自己的坚持将歹徒制服,交给随后赶来的警察。那一次,为李政赢得了合肥市出租汽车行业第八届"拾金不昧、见义勇为"先进个人的荣誉。

其实,荣誉之下的李政更是一个普通人,他每月三千多元的收入,一家三口借住在表弟的房子里,妻子没有工作,家里还欠着20万元外债。"那么多玉器、现金,你一点没动过心?"事后有人问李政,李政说:"不是自己的,一分钱也不能要。我只觉得如果我是失主,肯定很着急。"

"还回了那么大一笔钱,为什么不要一点报酬呢?"李政的话掷地

有声:"这报酬不该要。捡了别人的东西,还给人家是应该的。应该做的事,就不能要别人的报答。"

他说,你也能感动城市

在合肥市交通、运管部门举行的文明车命名仪式上,李政将合肥运输总公司奖励给他的 3000 元奖金转交给《新安晚报》记者,委托他们把这笔钱奖励给做了好事、需要帮助的好人。他说:"我做的事,很多人都会做。所以我想拿出一部分慰问金,和其他的好人共享这份奖励。"

因拾金不昧、归还巨款而感动合肥的出租车司机李政,带着一封倡议书来到新安晚报社,请大家一起共建城市感动。那份用圆珠笔写就的倡议书好像是一封简朴的信。

我想,争创全国文明城市,需要城市中每一位公民来共同努力,正如俗话所说'文明你我他,创建靠大家',在此我想借《新安晚报》发出倡议:

首先倡议广大的哥的姐朋友们,服务好每一位乘客,文明营运好每一笔生意,不给合肥出租车这张流动城市'名片'丢脸!

其次向合肥的窗口行业工作者倡议,做好本职工作,文明、热情、周到服务每一位来办事的人,不给窗口抹黑!

最后向合肥的每一位公民倡议,从身边的小事做起,多做好事,争当好人,让我们共建城市感动,为合肥添彩、为合肥人民争光!

如今,李政的车轮依旧在合肥的道路上转动,而他的这份精神,也源源不绝地传递到合肥的大街小巷。

没错,赠人玫瑰,手有余香。

(陈 牧 撰稿)

程树来：大山深处的残疾身影

对于看病的村民，程树来总是热诚相待

大山深处的小道沟沟坎坎，身体残疾的程树来，却在这崎岖的山路上默默走了25年。一路走来，光穿坏的鞋，就达200多双，其中艰辛不言而喻。

程树来，黄山市歙县雄村乡柘岱村卫生室村医。当年，看到农村缺医少药，他放弃来之不易的卫生院工作，一头扎进了偏远山区。

25年来，程树来用自己的肩膀，为村民们撑起了一片健康的蓝天，他也因此被授予"全国残疾人工作先进个人"荣誉称号。

放弃医院工作，扎根农村

程树来1966年出生于柘岱村一个农民家庭，因为右腿患有骨髓炎，10岁那年，又摔断腿，不幸致残。

当时，程树来家境贫寒，农村又缺医少药，因为没有得到及时有效的救治，碎骨一直藏于体内，导致腿部溃烂发炎。

虽然每天坚持换药，但腿部的疼痛一直解除不了。从那时起，程树来就在心底暗暗发誓：长大后，一定要学医，为乡亲们解除病痛。

功夫不负有心人,1987年,程树来以优异的成绩从卫校毕业,同年应聘到雄村乡卫生院工作。

卫生院的工作虽然很好,但每每看到从偏远乡村赶到卫生院看病的贫穷村民,当初的誓言又重新在程树来心底回荡。

为了当初的誓言,伴随着外界的惊讶和不解,1988年,上班不到一年的程树来,主动放弃了乡卫生院的工作,回到了柘岱村,当起了乡村医生。

创办村里首个卫生室

回到村里后,程树来租了一间不到30平方米的房子,创办了村里首个卫生室。

当时的情景,程树来至今记忆犹新。他说,卫生室挂牌那天,鞭炮齐鸣,小小的卫生室被村民们挤得水泄不通,大家的喜悦心情让他也觉得很感动。

从那以后,村民们再也不用跑远路去外面看病了,他们的健康有了基本的保障,而程树来腿部的疼痛却还没有解除。

直到1995年夏天,经过手术,程树来取出了藏于腿部多年的碎骨。

回到村里,腿部还打着石膏的程树来,顾不上休息,又开始投入到工作中。

有一天,一个6岁的小男孩不慎落水,被打捞上岸后急需抢救。程树来得知消息后,不顾疼痛,敲掉腿部的石膏,赶到河边。到了现场后,他马上通过挤压,将孩子腹腔里的积水排出,然后又给孩子做人工呼吸。

慢慢的,孩子终于苏醒过来,村民用热烈的掌声向程树来表示感谢。

20多年,走遍村里每一个角落

在柘岱村卫生室,前来看病和买药的村民络绎不绝,程树来常常忙得满头大汗。

虽然通过手术取出了腿部的碎骨,但因为摔伤时间太长,程树来并不能像正常人那样行走,所以至今走路还是一瘸一拐。

考虑到程树来身体不便,很多村民都很体谅,平时尽量不让程医生出诊,而是主动去卫生室看病,实在不行就让人去接程医生出诊。有时候,村民半夜生病,都不忍心喊程树来。但只要有出诊的需要,无论何时,无论多远,程树来都毫不犹豫地背上药箱出发。

不管是酷暑还是寒冬,白天还是夜晚,下雨还是下雪,上班还是下班,只要是病人有需要,程树来都随叫随到,无怨无悔。

有时,程树来一天出诊数次,晚上还要继续出诊,连觉都睡不上。有时,程树来刚端上饭碗,吃了一口饭,就被病人叫走。甚至,每年大年初一,程树来也没闲过,更不用说一般节假日了。

2007年农历腊月廿六,是程树来新房落成的大喜日子,很多客人说好要来程家贺喜。早晨大雪纷飞,满山遍野白

山村的路崎岖不平,但程树来几乎走遍了村里的每个角落

雪茫茫。8点左右,程树来的电话突然响起,电话那头是一位老太太,哭喊说老头在扫平台上的积雪时突然晕倒,请求程树来立即出诊。

程树来想也没想,立即背起药箱,踏着厚厚的积雪前往病人家中。经过4个多小时的治疗观察,病人终于转危为安,程树来悬着的一颗心才算放下。

反复叮嘱家属如何护理后,程树来才离开。回到家时,贺喜的客人全都走了,只有妻子在一旁埋怨。

有人曾经问过程树来,为什么这么没日没夜地拼命,图的是什么?程树来说,凭的是一个医生的道德和一个人的良知。

"山村的路很不好走,何况他腿脚不好。有几次听说他出诊摔跤了,大家心里都很难受。"村民们说。程医生所在村有2000多人,居住得很分散,20多年来,程树来背着药箱,走遍了每一个小村落。这份敬业精神让大家都很感动。

为了村民,他没能见父亲最后一面

柘岱村77岁的老人韦燕萍说,一天晚上,她高血压发作,幸亏程医生来得及时,为自己输液降压。因儿女都在外地打工,程医生一直守护她到凌晨。老人说:"程医生只收了十几块钱,走的时候还配了降压药给我。"

在为村民默默奉献的时候,程树来却忽视了身边亲人的健康。2010年,程树来83岁的父亲被查出晚期肺癌。

"如果我能多点时间陪他,帮他做检查,也许父亲就不会……"父亲患病后,程树来一直很自责,但为时已晚,他只能在繁忙的工作之余,尽量多抽点时间陪父亲。

更让程树来难受的是,父亲在最后的日子里,曾经说过想去一趟上海,但因为工作太忙,抽不开身,他最终没能让父亲如愿。

村民们都记得,老人去世的那天晚上,程树来正在给村民看病,他甚至没能见父亲最后一面,和父亲说上几句话。

25年来,程树来用自己的实际行动,背着承载着村民健康需求的药箱,让"小病不出村"真正变成了现实。

疫情期间不顾个人安危

2003年,一场突如其来的"非典"疫情,又把程树来推到了"保障人民群众健康和生命安全,众志成城抗击非典"的第一线。

"非典"期间,程树来每天早出晚归,整天排查从疫区回归人员,为他们早晚测一次体温,不畏惧随时可能被感染。

有一次,村里发现了一位"非典"疑似病例,程树来立即安排隔离,然后,不顾个人安危,每天坚持到病人家测量体温,直到隔离期结束。

在随后的手足口病、甲型H1N1流感病毒等突发公共卫生事件中,程树来每次都积极配合卫生部门和乡村干部做好宣传和体检工作,冲锋在前。

手足口病发生时,程树来为辖区内儿童逐个检查,做好山区儿童的手足口病的防控工作。防控甲型流感时,程树来做到发现疫情及时上报,认真筛查辖区内出国回归人员,做好登记,严密防控甲型流感的发生和流行。

在平时的生活中,程树来还经常向村民发送消毒药品,向群众宣传饮水卫生等防病知识。

从死亡线上拉回百余人

经历过"非典"等疫情后,程树来深知自己肩负的责任更加重大,作为一名基层医生光有工作热情是不够的,要做好病人的诊疗服务工作,必须加强学习,不断充实自己,与时俱进。虽然条件艰苦,但程树来一直坚持一边工作一边学习。

柘岱村地处皖南偏远山区,时常有毒蛇出没。当地经常有村民被毒蛇咬伤,一旦被咬,若救治不及时,轻则影响日后的生产劳动,重则可能丧命。

这一切,程树来早就看在眼里,急在心里。2008年,程树来特地自

费前往山东省一所蛇伤研究所学习,掌握了一套治疗蛇咬伤的解毒方法。

有一天,邻村村民余根贵一岁多的孙女,被带上山干活,在草丛中玩时不幸被毒蛇咬伤,孩子的脚迅速肿大,无法行走,哭闹不停。

余根贵火速把孙女送到程树来的卫生室。因为孩子的伤势比较严重,程树来诊断后,感觉拿不准,便建议转院治疗。但余根贵说小孩父母在外打工,奶奶又是残疾人,家庭非常困难,再加上小孩的脚已肿到膝盖以上,担心转诊途中会有生命危险。

在余根贵的请求下,程树来便用从研究所学的知识,立即给小女孩针灸排毒,打上点滴,并不顾自己腿有残疾,骑车到10里外的中药店为小女孩抓中药煎服。

经过程树来5天的精心治疗,孩子终于康复。挽救了一条幼小的生命,程树来无比开心。

据了解,20多年来,在程树来的救治下,100多名被毒蛇咬伤的村民,被从死亡线边缘救回。

建立整套健康保障制度

20多年来,程树来兢兢业业为群众治病除疾,高尚的医德在十里八乡闻名。

上班时,程树来严肃认真,严格要求自己,细致诊查每一例病人,谨慎用药,严格执行操作规范,避免医疗事故的发生。他给自己的要求是,医生应该做到的,他一定能做到,并争取做得更好。

不仅敬业,程树来还非常善良,因为从小在乡村长大,他能体会到村民的不容易。因此,每次看病,他收费都很少,遇到家庭条件特别困难的村民,他还主动垫付医药费。对于村里的孤寡老人,他一直都免费给予治疗。

除此之外,程树来在村里建立了一套健康保障制度。他经常免费

为60岁以上老人、残疾人开展健康体检和康复训练活动,宣传卫生保健知识,听心肺、测血压、检查白内障,并为村民建立了健康档案。

在门诊中,程树来主动为35岁以上村民测血压,及时发现高血压病人,并建档造册,提出治疗意见,从而有效控制农村常见病、多发病。对于高血压、糖尿病、肢残疾、精神残疾等慢性病人,程树来定期为他们免费检查,提供建议及治疗和康复方案。

与此同时,程树来还及时通知本村孕妇去乡卫生院体检,领取孕检卡,向她们宣传住院分娩的好处,夏秋季产后访视的同时宣传预防产妇中暑,做好儿童保健和计划免疫工作,及时发放预防接种和体检通知单。

残疾人服务工作受专家肯定

因为自己是残疾人,程树来始终以做好实现残疾人康复和帮助他们解决生产生活中的实际困难为己任,想残疾人所想,急残疾人所急,助残疾人所需。

为做好全乡残疾人的入户调查工作,程树来积极学习借鉴兄弟乡镇好的经验和做法,深入全乡386名残疾人家中,做好入户调查和基本情况调查登记工作,摸清残疾人的生活和就业需求情况等,按行政村及残疾类别分别造册分类编号归档,认真仔细地做好汇总和上报工作。在做好入户调查工作的同时,还积极向残疾人宣传政府对残疾人的优惠政策,宣传残疾人事业和扶助残疾人的先进事迹。

在入户调查中,程树来发现全乡有10多位重度残疾患者没有办理或更换第二代残疾人证,他积极协助残疾人家属,甚至亲自到县残联为他们办理残疾人证。

由于工作突出,2010年,程树来被聘为雄村乡残疾人协理员。程树来十分珍惜这来之不易的机会,充分利用自己的岗位优势积极为残疾人办实事,先后帮助6户生活困难的残疾人家庭办理了最低生活

保障。

村里一位村民因高空作业不幸摔下造成脊椎压迫性损伤,身体瘫痪,大小便失禁,生活不能自理,一度产生轻生的念头,妻子非常痛苦。程树来在给那位村民看病的同时,鼓励他树立生活信心,帮助他办理残疾人证和申请贫困重度残疾人生活特别救助,还定期上门指导他进行康复训练。经过一年多的康复训练,这位村民的病情有了很大的好转,自己能够坐立并且坐上轮椅,也打消了轻生的念头。

在平凡的岗位上,程树来一天天忙碌着、奉献着,他付出了比常人更多的努力。虽然没有豪言壮语,没有惊天动地的业绩,但正是他几十年来扎根基层,心系群众疾苦,关心群众安危,才保障了一方百姓的健康安全。

2011年,程树来被国务院残工委授予"全国残疾人工作先进个人"荣誉称号;2012年7月,他当选诚实守信"中国好人"。

在一个个荣誉面前,程树来没有骄傲。相反,他感到多了一份责任和压力。程树来表示,今后将继续以共产党员的标准严格要求自己,全身心地投入到基层公共卫生及残疾人事业中,要无愧于"白衣天使"的光荣称号!

（向　前　撰稿）

附录：

安徽籍"中国好人"名录（截至 2012 年 11 月）

2008 年

孝老爱亲	鲁春英　张玉坤　包苏氏　李红玉　孙广德　何涛　张桂英 吴子萍　曹蕴涵　薛洪梅　范祚来　张家珍　陈宗静　汪千华夫妇 汪紫云　孙冬英　王素英　戴国彬
敬业奉献	刘伟民　齐玲玲　高思杰　唐新户　郑月霞　高玲玲　汪惠 王怀燕　尹同跃　芮景　钱任举　储木阳　钟辣椒　胡前进
见义勇为	胡文传　周飞　赵玉富　赵鑫　史德义　谢学台　迟利山　房兴树 李强豹、陈小超　席玉乐　杨静玉　王树森　马峰　于少甫 吴建国　唐立超　汪开祥　桂定好　石峰　张青　万甫兴 罗取明、胡本才　张书婷　朱彬
助人为乐	朱兴剑　王明林　王家玉　杨法山　徐红云　傅强　唐光生 王利华　吴青山　薛金霞　王星　刘美娟　汤传芳　赵金霞 黄国强　吴恩泽　丁磊　江远生
诚实守信	虞扶群　韩志业　石宗宏　范渡华　杨红影　沈保平　金道泉 高如兰、陈志凤　王声林　何志成　雷经广　孙益进　叶官山 王冬霞　曹晓英　章王平　孙承佑　郑重

2009 年

孝老爱亲	汪宏珍　刘殿真　周淑玲　徐从秀　牛素萍　许月兰　沈锡美 许光善　管金银、郑芬　吴志珍　易绍琴　郑福琴　吴多敬 查毓明　高文兵　唐璇　方华清　汪春霞
敬业奉献	贾贤海　刘明亮　葛杨　杨经验　周志民　耿梅娜　查李　谷永斌 孙克兰　沈浩　易明　方信祥
见义勇为	戴松、戴苗苗　谢松　丁冬　孙启民　刘安峰　徐义胜　庄峰 谢学友　周继祥　徐龙　薛亮、李晓　丁震国　曹军、卢帅 8.17英雄群体　周金学、周保宁、周安兵　王玉　蒋席军　吴启羊
助人为乐	朱守其　赵秀珍　缪焕琴　陶克宝　李彦卿　彭庆英　王怀芬 王岭　方振富　刘兆水　张秀强　胥安莉　赵兴　孙玉安　王利 邓清　徐猛　汤峰　马义美　陈根木　王伟　吴金清
诚实守信	耿静　李鑫　杜名记　张本强　李云念　魏泽洋　马虎　孙传金 罗雷　刘亮　杨永龙　郭中干　钱金棠　谢德清　倪军　姜纯 曹助乐

2010 年

孝老爱亲	郭云生　梅永刚　柯金芳　戴诚民夫妇　马林英　黄凤　王雷　何祥兰　闫志香　戴淑英　石秀琴　邵瑞华　徐雪丽　刘赐　彭影　田小妹　柳旭　李中兰　孙明凤
敬业奉献	吴佳　陈荣乐　高道友　李东　孙伟　吴勇祥　王坤友　曾祥明　李传杰　冯峰　李维斌　沈红杰　王鹏　方国胜　张红洁　李建国　洪顺刚
见义勇为	王鑫　安徽公路119轮渡班组　郝飞飞、周坤　常先雷等5人　吴三宏　罗双成　赵瑞华　马常功　常和广　刘梦飞　张庆　陈保红　倪龙　张长河　孙兴　刘景玉　赵引红　方鹤敏
助人为乐	李刚强　王文年　张大虎　亳州30辆爱心农班车车主　徐国军　张西军　甘超　姚时瑞　周凤珍　戴忠金　梅艳洁　代伟　李振荣　孙赓祥　王小勇　王传江　姚勇　杜胜明　周建　张君　韩增举
诚实守信	刘丽　付获　孙大同　欧兴田　张枫　王刚　贾培亮　李祥斌　王汝仁　陆凤奎　董光发　周圣凤　游传琴　马德宝　蔡士兵　刘洋　张六一　陈方方　刘大伟　徐国青　束从轩　李新　李讨饭

2011 年

孝老爱亲	张刚　鲍振林　王璐　王功霞　董雪英　魏尔林　姚玛琳　张素芹　王全金　朱长平　李秀芳　李宏宇　钱兰香　黄田菊　田建园　马青黄晶　周峰　王玉芳　王利亚　胡云峰　张凤琴　孟继荣　汪洋　王文超　许张氏　石庆云　闻荣　李玉美　刘振安　包慧琴　袁素英　宛素珍　倪良玉　樊竹香　茆华瑞　丁秀兰　赵晓红　高乃燕　李秀荣　王德胜　刘玉娟
敬业奉献	陆芳芳　马素兰　郑以龙　路丙辉　冯春艳　李培英　刘兆本　王磊　陈怀剑、钮维和张戎明　贾婷婷　孙仁君　夷根顺　马素堂　吴群　张冠环　张敬芝　张丽　黄梦来　丁怀轩　夏根金　程昭萍　刘安顺　孙影　张秉柱　罗月英　孟献申　欧阳承宁　王克　陈义平　王汝新　屈凤侠　刘素琴
见义勇为	姚延顺　李长峰　王百胜　王方等4人　蔡洪超　樊传松　杭守利　夏广珍、夏茂云　苑继臣　秦彩民　吕波　阚乐园　田红军　王心朝侯业珍夫妇　王军　刘克仲　胡凯　刘文秀　丁力　周贻安　程英　吴敬荣　李必友　崔建斌　张文理　张海峰　冯玉超　吴传云　殷保刚　邓雷　孙宏满　关林　王殿勇　李郎、缪保平　王玉成　苏一心
助人为乐	刘为新　梅志强　佘敦欢　徐军　赵生杰　闫龙泉　李平　张洪涛　刘兆刚　姚光明　刘泉　王艳丽　刘兆安　段艳玲　王芳　宁衍鑫　李明　张洪玉　"爱心储蓄银行"　王宇亮　胡少银　张翠萍　王珺　孙雪花　陆标　汪金林　余竹云　郑怀良　李志德　徐文虎　仲继磊　林述光　陈霄云　张红运　张丽　铜陵市边检站　蔡华山　李艳红　侯子功
诚实守信	李政　周志华　甘正功　化范标　王奇　朱子钦　华云梅　欧胜召　周启峰　李志　陈雷　郑忠献　王立侠　王桂菊　杨刚　李艳芳　马玉东　陈沛鋛　李发权　张建军　李美兰　夏贞琼　宋在馥　强成喜　方敦华　李孝香、刘仕圣　赵勇　姚瑾　王明英　凌燕　金和均　李红　张连祥　王鹏宇　李家荣　金玉琴　方光辉

2012年(1~11月)

孝老爱亲	姚瑞　陶恒艺　赵小黑　李培芝　高正权　陈国荣　任婉婉 贾广荣　田贺影　杨蓉　杨延香　李静　张友田　崔爱霞　杜运松 郑碧峰　李海峰　沈天成　宋末菊　张大伟　顾忠霞　高道英 贾西坡　袁月梅　计德林　张喜云　刘丽萍　张保梅、周俊保 张贤福　张兰英　朱树红　邱早霞　曹兴菊　汤学双　许多贵 徐红　曹学保　包金树
敬业奉献	马方才　范光林　秦晓燕　周艳　周理军　吴福宁　徐志强 叶连平　黄保如　杨苗苗　程抱银　夏星罡　吕旻　吴清河 汪先爱　许成好　袁加宏　徐正传　朱明　金岚岚　何允芝 李忠田　潘策香　陈邵霏　李培生
见义勇为	徐晓霞　蔡本新　朱立新　刘广立、苏燕民　刘景春　陶建业 王君　姜会泉　丁仆一　丁杰　张金善　邓守宝　汪涛　路飞龙 史俊峰　蒋国高　金克勇　何德操　袁晓鹏　陈德军　孙连帮 彭伟平　衡威　周立美　李俊杰　安徽省庐江县袁庄村民组 宋兴发　刘峰　兰春娇、兰志菊　胡路针　苏道友　范青　张磊 侯继学　童春香　周义强　吴学学　余紫嫣　岳德全　赵树声 周传金　张香正、张书宝　徐强　胡小文、董宜城、程文成　焦玉兰
助人为乐	王启军　孙连帮　安徽工业大学爱心方舟协会　穆南　李凤娥 王玉梅　刘玉华　梅连超　郑文卿、张文直和刘绍典　王喆 王绪桐　周陈晨　刘振邦　耿玉体　孙杰　陈万霞　刘保国 汤增宝　王天华、何璐和王杰　笪秋香　王义琼　刘飞　程志华 王金海　稀有血型志愿者服务队　孙燕飞　冯春余等10多名老人 俞伦明　宋世平　张福兵　高翔
诚实守信	苏仕珍　胡兆伦　易厚掌　汤增宝　吴香海　王巍　吕本恒 栾家国　朱五十　李彦夫妇　黄锡文　丁以法　蒋桂敏　李金光 李加寿　武晓侠　张仁强、张仁秀　孙朝礼　蒋金明　汲泉 孙玉龙　潘阿碎　王存飞　张国前　王奎仲　陈登宝　陈文斌 程树来　王子干　庄燕劳　汪育红　叶兴旺　李兵　梁勇　刘媛 田继明　郑毅　戴志平　叶萍　张佩玲　金际银　相昌武　乔桂聪

---

* 书中部分图片选自人民网、新华网、魅力网、亳州晚报等媒体。